De porta em porta a Nova York

COLEÇÃO
CAMINHOS
HISTÓRIAS
LEGADOS

Dados Internacionais de Catalogação na Publicação (CIP)
(Jeane Passos de Souza – CRB 8ª/6189)

Khatib, Faruk El
    De porta em porta a Nova York / Faruk El Khatib. – São Paulo: Editora Senac São Paulo, 2018. (Coleção Caminhos, Histórias e Legados)

    Bibliografia.
    ISBN 978-85-396-2473-7 (impresso/2018)
    e-ISBN 978-85-396-2474-4 (ePub/2018)
    e-ISBN 978-85-396-2475-1 (PDF/2018)

    1. Gestão de Carreiras 2. Carreiras : Sucesso nos negócios 3. Profissionais do mercado – Conduta : Realização pessoal 4. Conduta de vida : Histórias inspiradoras : Biografia 5. Gestão de negócios: Profissionais do mercado I. Título. II. Coleção.

18-814s

CDD – 158
650.14
658.42092
BISAC BIO000000
SEL027000
BUS012000

Índices para catálogo sistemático
1. Gestão de carreiras   650.14
2. Conduta de vida : Histórias inspiradoras   158
3. Biografia : Histórias inspiradoras : Profissionais do mercado   658.42092
4. Gestão de negócios : Profissionais do mercado : Biografia   658.42092

De porta em porta a Nova York

FARUK EL KHATIB

Editora Senac São Paulo – São Paulo – 2018

ADMINISTRAÇÃO REGIONAL DO SENAC NO ESTADO DE SÃO PAULO
Presidente do Conselho Regional: Abram Szajman
Diretor do Departamento Regional: Luiz Francisco de A. Salgado
Superintendente Universitário e de Desenvolvimento: Luiz Carlos Dourado

EDITORA SENAC SÃO PAULO
Conselho Editorial: Luiz Francisco de A. Salgado
Luiz Carlos Dourado
Darcio Sayad Maia
Lucila Mara Sbrana Sciotti
Jeane Passos de Souza

Gerente/Publisher: Jeane Passos de Souza (jpassos@sp.senac.br)
Coordenação Editorial/Prospecção: Luís Américo Tousi Botelho (luis.tbotelho@sp.senac.br)
Marcia Cavalheiro Rodrigues de Almeida (mcavalhe@sp.senac.br)
Administrativo: João Almeida Santos (joao.santos@sp.senac.br)
Comercial: Marcos Telmo da Costa (mtcosta@sp.senac.br)

Edição de Texto: Denise Trevisan Goes
Preparação de Texto: Carolina Hidalgo Castelani
Coordenação de Revisão de Texto: Luiza Elena Luchini
Revisão de Texto: Kimie Imai
Projeto Gráfico, Capa e Editoração Eletrônica: Fernando Velázquez
Impressão e Acabamento: Graphium Gráfica e Editora Ltda.

Proibida a reprodução sem autorização expressa.
Todos os direitos reservados à

EDITORA SENAC SÃO PAULO
Rua 24 de Maio, 208 – 3º andar – Centro – CEP 01041-000
Caixa Postal 1120 – CEP 01032-970 – São Paulo – SP
Tel. (11) 2187-4450 – Fax (11) 2187-4486
E-mail: editora@sp.senac.br
Home page: http://www.editorasenacsp.com.br

© Editora Senac São Paulo, 2018

NOTA DO EDITOR | 7

AGRADECIMENTOS | 9

POR QUE ESCREVER UM LIVRO? | 11

1   COMO TUDO COMEÇOU | 13

2   A PRIMEIRA GRANDE AVENTURA | 23

3   COMPRANDO GATO POR LEBRE | 31

4   A VEZ DO RECONHECIMENTO PROFISSIONAL | 41

5   PAIXÃO POR REVISTAS: DA VARIG À *PETECA* | 51

6   TEMPO DE RUPTURA | 63

7   OUSADIA E UM POUCO DE IRRESPONSABILIDADE FAZEM BEM AO EMPREENDEDOR | 69

8   BREVE SOCIEDADE COM MAURICIO DE SOUSA | 89

9   UMA EXPERIÊNCIA JORNALÍSTICA | 97

10   A SOLIDÃO DO ÍDOLO PELÉ | 105

11   A LIÇÃO DE CASA MALFEITA | 115

12   *OTHERS PEOPLE'S MONEY* | 125

13   EPÍLOGO | 135

SOBRE O AUTOR | 139

NOTA DO EDITOR

As trajetórias da vida raramente são lineares, há inúmeras situações pessoais ou profissionais que improvisam curvas, subidas e descidas nos caminhos. A sabedoria com que cada um reage às mutações do itinerário é que faz a diferença.

A Coleção Caminhos, Histórias e Legados traz narrativas de pessoas que foram escolhidas pela capacidade que tiveram de se manter em equilíbrio, com foco nos propósitos e sustentadas em valores. Com isso confirmam um legado que compartilham agora.

Neste volume, Faruk El Khatib, filho de imigrante libanês, herdou do pai a coragem, o espírito empreendedor e a perseverança. Desejou cursar medicina, mas fez administração. Foi também vendedor e gestor do mercado editorial, educacional e de comunicação. Entre erros e acertos, Faruk ajuda a entender o valor dos bons relacionamentos e a importância de recomeçar sempre.

De porta em porta a Nova York é uma publicação da Editora Senac São Paulo especialmente dedicada às pessoas que buscam inspiração, pensam e repensam sobre sua vocação, sua carreira e seu jeito de estar no mundo.

AGRADECIMENTOS

Gostaria de agradecer a minha família, meus filhos, minha filha, meus netos, minha neta, minhas noras, meu genro e em especial a minha esposa, Silnara, que aguentou durante todos esses anos minhas maluquices.

Agradeço a Jeane, que muito me incentivou para que pudesse realizar este sonho, a Márcia, que com paciência escutou todas as minhas histórias, a Denise, que ajudou a organizar minhas ideias, a Carolina, que fez a revisão final, e a toda a equipe da Editora Senac.

E não menos importante um especial abraço a todos aqueles que participaram de alguma forma durante toda a minha vida, e garanto que foram muitos.

~~POR QUE ESCREVER UM LIVRO?~~

O Brasil e o mundo vivem não só uma crise político-econômica profunda, como também algo ainda mais devastador: a crise ética. Essas dificuldades nos ajudam a refletir, e escrever um livro faz parte dessa reflexão.

Sempre ouvi dizer que para uma pessoa se sentir realizada, ela deve ter um filho, plantar uma árvore e escrever um livro. Eu tenho uma família maravilhosa, apesar de todos os problemas comuns, e participei do plantio de diversas árvores em Curitiba. Trabalhei em vários setores e realizei muitos empreendimentos. E, mesmo tendo desenvolvido muitos projetos com outros colaboradores na área editorial, eu nunca havia escrito um livro. E, para me sentir totalmente realizado, faltava apenas isso.

Com mais de cinquenta anos de trabalho e 70 anos de idade, eu tinha muita vontade de colocar a minha história no papel, e, apesar de algumas tentativas, até hoje não havia conseguido concluir esse sonho. Foi então que a Editora Senac São Paulo me convidou para o desafio de contar minha trajetória profissional e de vida, o qual encarei de frente.

Foi com incentivo de amigos e sem medo de errar que resolvi escrever. Não apenas para cumprir algo que me faltava, mas para oferecer aos leitores uma história interessante e prazerosa, e por meio da qual possam aprender com minhas experiências profissionais e de vida. E não faço menção apenas aos meus acertos, falo também da importância dos erros cometidos ao longo do caminho, da persistência, da ética, da capacidade em estabelecer um *networking*, da tolerância e do aprendizado que levam à superação das dificuldades, elementos tão necessários ao sucesso em um projeto de vida.

Este livro é simples como tudo deveria ser. Nele estão as histórias da minha trajetória profissional e de vida, como meus fracassos, minhas frustrações, minhas decepções, minhas superações e meus sucessos. Assim como a alegria de enfrentar o dia a dia, mesmo nas adversidades. Humor, confiança e atitude positiva superam a inteligência.

Na minha trajetória, enfrentei diversos contratempos. Alguns foram resultado da minha juventude e outros, de uma certa ousadia que às vezes beirava à irresponsabilidade. Mas, na realidade, eu estava à procura do meu lugar no mundo, e tudo isso fez parte de um longo processo de construção da minha identidade, como empresário e, sobretudo, como pai.

Hoje, passados tantos anos, entre erros e acertos, posso dizer que não me arrependo. O porquê disso é o que vou contar neste livro.

Sabemos que não dá para mudar o passado, mas podemos construir um futuro diferente. Portanto, que as histórias que narro aqui sirvam para tornar melhores suas experiências futuras.

Espero que você se sinta em uma conversa entre amigos, e que minhas experiências possam ajudá-lo a não desistir diante dos obstáculos e a ter coragem para traçar novos caminhos, e que compreenda que dos erros podem nascer ótimas ideias.

Boa leitura e grande beijo a todos.

CAPÍTULO 1
~~COMO TUDO COMEÇOU~~

Sempre que me perguntavam o que eu queria ser quando crescesse, eu respondia rápido: "Vou ser médico e cirurgião do coração". Era o meu sonho de menino que me acompanhou até a adolescência.

Ainda me lembro do dia que meu pai comprou um livro sobre técnica de cirurgia e um *kit* completo de instrumentos cirúrgicos que pedi a ele. Tamanha era a minha empolgação pela profissão, que construí na garagem de casa uma pequena mesa de cirurgia, igual a de hospital. Nela, operava pequenos animais, como sapos e coelhos, mas não fazia isso sozinho; minha mãe, dona Mariquinha, me ajudava sendo minha instrumentadora e enfermeira. Eu também contava com as orientações do meu amigo, João Batista Marquesini, que na época estudava medicina e hoje é um médico muito competente.

Passei no vestibular para medicina, mas não cursei. Como em 1966 já estava casado e com meu primeiro filho, decidi abrir mão do meu sonho em me tornar médico. Eu não tinha como sustentar a família e estudar medicina ao mesmo tempo, afinal, até hoje o curso exige dedicação exclusiva durante seis anos de formação, fora os dois anos de residência, no mínimo. Meu pai, Said, e meu sogro, Sylseu Elisio, tentaram me convencer a seguir a carreira, eles queriam bancar financeiramente os meus estudos e a minha família pelo tempo que fosse necessário. Apesar da insistência dos dois, agradeci, mas não aceitei, pois a ideia de depender de mesada não me deixava confortável. E, mesmo sendo muito jovem, já era determinado, e tinha uma família que dependia de mim.

Ao contrário do meu sonho de menino, optei por fazer administração de empresas, pois tinha certeza de que conseguiria conciliar os estudos com o trabalho e assim poder buscar minha independência financeira. Me formei, em 1973, em administração de empresas pela Universidade Federal do Paraná (UFPR). Nessa época, eu e minha mulher, Silnara, já tínhamos nossos três filhos, Faruk II, Sylseu e Melissa.

Desejei ser cardiologista, mas me tornei administrador de empresas. Foi um caminho muito diferente dos meus sonhos de infância e de adolescência. Eu só não poderia imaginar, porém, que essa nova jornada me traria tantas realizações.

~~O início de um novo caminho~~

Eu me chamo Faruk El Khatib, nasci em Araçatuba, interior de São Paulo, em 1946. Sou filho de Said Mohamad El Khatib e de Maria Munari, e meu nome árabe devo ao meu pai, um libanês que chegou ao Brasil sozinho e sem dinheiro para tentar a sorte em 1929. E essa história fascinante explica um pouco do que sou hoje.

Sou o caçula de quatro irmãos, Faissal, Selma, Maria Fátima e eu. Por ser o caçula, era muito paparicado por eles, menos pela Maria Fátima, que perdeu as regalias de filha mais nova quando eu nasci e por isso me unhava à noite. Mas, apesar das divergências entre irmãos, eu sempre me dei muito bem com todos eles.

Minha mãe era filha de italianos e nasceu em Orlândia, cidade localizada no nordeste paulista. Assim como muitos habitantes dessa pequena cidade, em 1910 meus avós vieram da província de Rovigo, cidade da região do Vêneto, Itália, para o Brasil. Meu avô, Helio Munari, era carpinteiro, e com a minha avó, Libânia, tiveram oito filhos.

Ele morreu muito cedo, e minha mãe, sendo a segunda filha mais velha e já casada, acabou cuidando da mãe e de cinco de seus irmãos mais novos com a ajuda de meu pai, que não pensou duas vezes em levar todos para viver conosco. Meus pais preservavam muito a família, ela era o porto seguro de todos, e isso sempre pautou a minha vida.

Quando eu tinha apenas 3 anos, meu pai resolveu voltar ao Líbano, por já ter ganhado dinheiro no Brasil, e levou toda a família para morar em Beirute. Eu mal falava português e tive de aprender uma língua totalmente diferente. Mas, como criança aprende rápido, já com 5 anos eu só falava árabe.

O problema é que meu pai resolveu voltar para o Brasil dois anos depois.

Fomos morar em São Paulo, agora na capital. Enquanto meus irmãos iam para a escola e minha mãe se ocupava das compras e da organização da casa, eu ficava muito tempo na companhia de minha avó, dona

Libânia, que mal falava português, e da empregada que trabalhava em nossa casa. Elas não falavam árabe e eu não falava português, ou seja, ninguém me entendia. Sempre fui um garoto muito alegre e minha mãe dizia que eu falava pelos cotovelos. Por isso era um desespero quando meus pais chegavam em casa, no fim do dia, pois eu desandava a falar em árabe, já que era a única língua que sabia me expressar.

Diante dessa situação, ficou decidido que eu também iria à escola para me socializar e reaprender o português. O Colégio Santa Catarina de Sena era de freiras e ficava em uma rua perto de casa. Lembro que na hora do recreio os alunos ficavam a minha volta esperando eu falar um monte de palavras estranhas, e eu parecia um extraterrestre no meio deles. Hoje chamam de *bullying* o fato de eles rirem na minha cara quando abria a boca, mas naquele tempo só eu sei o que sentia sendo tratado como um garoto esquisito. Vivi na pele como as pessoas se sentem quando são discriminadas e tratadas de forma diferente.

Com o tempo, o português deu lugar ao árabe, que por sua vez foi sendo esquecido. Acho que foi por isso que nunca mais consegui voltar a falar direito a língua de meu pai. Hoje apenas arranho algumas palavras e, quando vou escrever em português, troco a letra "v" pelo "f" e o "b" pelo "p". Se não prestar atenção, estou escrevendo "inferno" em vez de "inverno", e "brimo" em vez de "primo".

A língua pode ter virado memória, mas a herança árabe está bem presente em minha vida até hoje. E isso devo ao meu pai, de quem herdei a garra e a perseverança, além do toque fenício para os negócios e o tino empresarial.

A história de Said

Em fevereiro de 1929, meu pai, Said, chegou ao Brasil, vindo do Líbano. País de pequena extensão, o Líbano é muito bonito, com o mar Mediterrâneo de um lado e as montanhas de outro. Meu avô tinha uma propriedade em Kherbet Rouha, no vale de Beca, onde plantava uvas, maçãs e romãs. Sua produção provia o sustento da família, que vivia bem e era respeitada pela comunidade.

Terminada a Primeira Guerra Mundial, a Liga das Nações, que reunia os países vencedores do conflito, na maioria europeus liderados pela Inglaterra e pela França, concedeu aos franceses o direito de governar a região dominada pelo Império Otomano, da qual o Líbano e a Síria faziam parte. O país viveu então um período com dominação francesa que se estendeu de 1923 a 1944. Em 1927, meu pai, um menino de apenas 12 anos, não aceitava o fato de o Líbano não ser livre. Além disso, Said achava que aquele lugar era muito pequeno para ele.

Após tomar conhecimento de um grupo que pretendia viajar para o Brasil e para a Argentina, Said, entusiasmado com a ideia de sair do Líbano, decidiu que viajaria com eles. Para isso, foi preciso pensar em uma estratégia para conseguir deixar o país com a permissão dos pais e das autoridades locais.

Evidentemente, meus avós ficaram surpresos com a decisão do garoto, mas, em vez de o contrariarem, disseram que ele poderia ir desde que conseguisse os documentos necessários para sair sozinho do país. Meus avós contavam que esse empecilho impediria o filho de viajar, contudo, Said estava decidido. Para conseguir a autorização, meu pai foi falar diretamente com o prefeito da cidade e pediu que ele mudasse a sua certidão de nascimento de 20 de dezembro de 1915 para 20 de dezembro de 1910. Assim, ele teria 18 anos, e poderia tirar o passaporte e viajar sozinho.

Com os documentos em mãos, meus avós não puderam fazer nada e, em janeiro de 1929, meu pai embarcou em um navio norte-americano, deixando Beirute rumo à Grécia. De lá, seguiu em outro navio para o porto de Marselha, na França. Oito dias depois, já estava em Hamburgo, na Alemanha, para finalmente embarcar no navio, com o sugestivo nome de *Lacarona*, direto para o Brasil, mais precisamente para o porto de Santos, cidade no litoral de São Paulo.

O imperador no Oriente

O entusiasmo de meu pai, bem como de milhares de árabes, e principalmente de libaneses, com a possibilidade de uma "terra prometida", no caso o Brasil, remonta aos tempos de D. Pedro II.

Dom Pedro II (1825-1891), imperador do Brasil no século XIX, era um grande admirador da literatura e da cultura árabe. Em 1876, vindo da Grécia com sua comitiva, ele hospedou-se no Hotel Belle Vue, em Beirute. E, depois de alguns dias, rumou para o interior do Líbano, visitando entre outras cidades as ruínas de Balbeque e o vale de Beca, com suas planícies repletas de cedros, árvore cuja resina era usada para mumificar os faraós egípcios. Sua beleza está associada à força e à imortalidade, por isso é o símbolo do Líbano e foi escolhida como o emblema da bandeira oficial do país.

O cedro também deve ter encantado dom Pedro II. Além disso, havia as belezas naturais e a cultura milenar, e o imperador se impressionou com o dinamismo e a hospitalidade do povo libanês. Ao deixar o país rumo à Síria, ele teria dito que gostaria de ver muitos libaneses no Brasil, prometendo recebê-los bem e que, ao retornarem ao Líbano, voltariam prósperos.

E foi o que aconteceu quatro anos depois, em 1880, quando chegaram os primeiros grupos significativos de imigrantes libaneses. Hoje, estima-se que haja mais de 12 milhões de descendentes de libaneses no Brasil. Esse número é quase o triplo da população atual do Líbano.

A vinda de Said ao Brasil

Depois de 37 dias de viagem, meu pai finalmente desembarcou no porto de Santos, no litoral de São Paulo, em 17 de fevereiro de 1929, e seguiu para Cajobi, cidadezinha no noroeste do estado. Seu nome Cajobi tem origem na língua tupi-guarani e significa Monte Verde. Ali, Said passou a viver na casa da família Hamady. Conterrâneos de meu pai, os Hamady estavam muito bem de vida, tinham uma loja e negociavam café, que era despachado pelo porto de Santos. Logo, perceberam a vontade de meu pai em aprender a língua portuguesa e a facilidade que tinha para empreender, o que fez que lhe oferecessem trabalho na loja.

A crise da Bolsa de Valores de Nova York, em 1929, afetou a economia mundial, e seus reflexos no Brasil foram sentidos principalmente no setor cafeeiro. A queda das exportações de café, bem como de outros produtos, prejudicou os negócios da loja dos Hamady. Foi então que, sem dinheiro no caixa e recebendo apenas casa e comida em troca de trabalho, meu pai agradeceu à família pelo acolhimento e foi tentar a vida em outro lugar.

Foi assim que chegou em Araçatuba, cidade a 500 quilômetros de São Paulo, um pouco mais ao norte de Cajobi. Com o pouco de dinheiro que juntara enquanto viveu com os Hamady, Said comprou uma botina, um colchão, um cobertor e alugou um quarto para se instalar. Com o que sobrou comprou mercadorias, colocou tudo em uma mala e por mais de sessenta dias, entre andar a pé e a cavalo, percorreu toda a região fazendo negócios. Só voltou para casa depois de vender tudo e pronto para iniciar mais uma jornada. Era o início da sua vida como mascate, ou, como era carinhosamente chamado, braço fixo, pois tinha de carregar no braço as malas com as mercadorias.

Por já estarem familiarizados, muitos imigrantes árabes se dedicaram ao comércio feito de porta em porta, sendo um bom começo para prosperar. Naquele tempo, qualquer árabe era chamado de turco, isso porque, entre o fim do século XIX e o começo do século XX, a região onde hoje é o Líbano era dominada pelos turcos e parte integrante do Império Otomano. Os primeiros imigrantes libaneses tinham um passaporte turco e assim os comerciantes que falavam com forte sotaque árabe, como o meu pai, ficaram conhecidos como mascates turcos.

Anos depois, Said voltaria a trabalhar como mascate, só que agora na área cultural, vendendo livros de porta em porta. Aliás, uma experiência que eu também vivi por algum tempo.

Porém, aqueles foram dias difíceis, mas meu pai não pensava em desistir, afinal havia saído do seu país ainda criança para voltar como um homem bem-sucedido. Mais tarde, a seu pedido, seu irmão veio do Líbano e juntos abriram uma loja no bairro do Prata, em Araçatuba. Lá, ele conheceu minha mãe, Maria Munari. E, em 1935, com apenas 18 anos, se casaram e tiveram meus três irmãos e eu.

Alguns anos se passaram e Said virou um próspero empresário, com uma fazenda de algodão, um armazém de algodão e outro de café.

A garra com a qual meu pai conquistou seu patrimônio foi o que marcou toda a minha vida empresarial. Said foi mais do que um gestor de negócios, preocupava-se também com a educação e a cultura, por isso tinha muito prestígio na região, participando ativamente da comunidade local. Ele teve apenas a educação primária, pois saíra muito cedo de casa para ganhar a vida, mas era muito culto, lia bastante, e preocupava-se com o futuro das crianças a ponto de construir uma escola em Araçatuba, pois não havia nenhuma próxima ao armazém, que ficava distante do centro da cidade. Além disso, contratou professores para ensinar os filhos de seus funcionários. Lembro-me dele dizendo que o Brasil era o melhor país do mundo, só faltava educação, já que para ele era primordial.

Em 1949, alguns anos após o fim da Segunda Guerra Mundial e da retirada dos franceses de sua terra natal, Said, mesmo admirando o país que escolheu para morar, decidiu retornar com a família para o Líbano. Prudente, como um bom árabe, deixou 50% de seu patrimônio com seu irmão no Brasil, para que, caso algo desse errado, pudesse voltar e dar continuidade a seu capital aqui, e levou 50% para investir em algo novo no Líbano. Já com a família completa, ou seja, minha mãe, meus três irmãos e eu, meu pai fixou residência em Beirute.

A bela capital do país era considerada por uns a Suíça e por outros a Paris do Oriente. Próspera e cosmopolita, Beirute foi arrasada pela cruel Guerra Civil do Líbano (1975-1990), protagonizada pela disputa por poder entre grupos cristãos e muçulmanos. Após o fim do conflito, Beirute foi reconstruída e voltou a ser o moderno centro cultural e comercial do Líbano. Atualmente, porém, toda a região, mesmo ainda sendo muito bonita, sofre com a guerra civil travada pelo país vizinho, a Síria.

Sempre inquieto, ao chegar em Beirute, Said comprou uma loja de revenda de automóveis, da marca Ford, importados dos Estados Unidos. Ele também investiu na ampliação, até o ensino médio, da escola que frequentou quando criança, em Kherbet Rouha, sua cidade natal. Até então, ela só tinha o ensino primário.

Durante sua permanência no Líbano, levou a família para conhecer a Síria, a Jordânia e o Egito, mas não se descuidou da nossa educação. Aprendemos a ler e a escrever em árabe, mas tínhamos aulas de francês e de inglês. Meu pai guardou por muito tempo em seu arquivo pessoal os cadernos e as notas que recebemos na escola.

Em 1951, novamente preocupado conosco, pois éramos nascidos no Brasil e poderíamos querer voltar à terra natal, ele chegou à conclusão de que o melhor para ele e sua família seria voltarmos. Retornamos a São Paulo, onde ficamos apenas um ano e dez meses.

Além dos problemas que enfrentei no colégio por não falar português, eu sofria de asma e o clima da cidade não me fazia bem. Por indicação de amigos, meus pais resolveram visitar Curitiba. Na época, eu tinha 7 anos e fui nessa viagem para ver se o clima me fazia bem e fez. Ele e minha mãe gostaram da cidade e dois meses depois já estávamos morando na capital paranaense.

Depois de diversas atividades profissionais, como em construção civil em um loteamento na cidade, lojas e armazéns, Said montou uma distribuidora de livros para vender de porta em porta, sistema que ele conhecia bem dos seus tempos de mascate, e passou a fazer o que mais gostava: trabalhar com educação e cultura.

Nesse ínterim, ele escreveu o livro *Traição e repressão no Terceiro Mundo*, lançado em 1983 pela Grafipar.

> Exatamente por ser o brasileiro que sou, de sangue árabe, é que desejo obstinadamente como ninguém a libertação e a grandiosidade do Brasil. O mundo árabe tem a sua história coincidindo com a opressão baseada na promoção e manutenção da ignorância. O Brasil, por sua vez, só poderá vislumbrar o futuro que merece, como potência mundial, quando investir maciçamente na educação do seu povo. Uma nação não pode ser grande sem consciência e responsabilidade.

É bem atual o que meu pai escreveu lá na década de 1980, pois infelizmente, depois de tantos anos, o Brasil ainda não se preocupa como deveria com a educação.

Eu aprendi com meu pai muitas lições de vida e de trabalho, de como agir diante de obstáculos e fracassos, de persistência e de ética, de criatividade e de ousadia. Mas, sem dúvida, de todo o legado de Said, a honestidade e o caráter foram as lições mais importantes que ele deixou para mim e para os meus irmãos.

CAPÍTULO 2
~~A PRIMEIRA GRANDE AVENTURA~~

Eu era uma criança cheia de energia com apenas 7 anos quando cheguei a Curitiba no início de 1953, depois de todas as andanças de meu pai. A cidade logo me encantou, com suas ruas enfeitadas e um clima de festa no ar. Achei que toda aquela efervescência era para nos receber de braços abertos e com alegria, mas, na verdade, Curitiba estava em ebulição com os preparativos da comemoração do Primeiro Centenário de Emancipação Política do Paraná, decreto assinado por dom Pedro II, em 19 de dezembro 1853, separando o Paraná da comarca de São Paulo e promovendo a cidade de Curitiba como sua capital.

A verdade é que, nessa época, a cidade vivia um período de grande desenvolvimento, o crescimento da população urbana deu forte impulso ao setor de construção civil. Além das casas, surgiram os prédios, e os bondes aos poucos foram dando lugar aos ônibus, que antigamente eram lotações.

Ainda assim, a capital paranaense era uma cidade tranquila, com seus 180 mil habitantes. Lembro-me de que a gente podia brincar nas ruas, andar de bicicleta, ou mesmo ir sozinho para a escola. Nunca senti medo; para mim, toda aquela liberdade era uma coisa natural.

Fiz o ensino infantil em uma escola estadual e o ensino fundamental no Colégio Marista Santa Maria, uma escola bastante tradicional, na qual recebi uma excelente formação e onde permaneci até o científico, que é o equivalente ao ensino médio.

Guardo uma lembrança muito especial do colégio. Meu pai era árabe e muçulmano e minha mãe, filha de italianos e católica. Apesar das diferenças, não havia conflito religioso na família, ao contrário, para meu pai o importante era que os filhos tivessem alguma formação religiosa. Como não havia mesquitas em Curitiba, ficava mais difícil transmitir as crenças muçulmanas, por isso, incentivou as práticas católicas de minha mãe. Fomos batizados, crismados e frequentávamos as missas.

Eu tinha 13 anos e já estudava no Colégio Marista, em 1959, quando a primeira mesquita em Curitiba começou a ser construída, e só foi inaugurada anos depois, em 1972. Um dia, em uma das aulas de religião, o professor, que era um irmão marista, ameaçou os alunos dizendo que se algum católico passasse em frente de alguma mesquita ou qualquer outra seita seria excomungado, pois a única e verdadeira religião era a católica.

Naquela época, as escolas educavam com a mesma rigidez da Igreja Católica, que exigia de seus alunos total obediência aos preceitos católicos. Isso mudaria poucos anos depois com o papa João XXIII e o Concílio Vaticano II (1962-1965). Para atrair os cristãos afastados da religião, o papa reuniu representantes católicos do mundo todo para discutir alterações nos rituais. E, a partir desse movimento, as missas antes celebradas em latim passaram a ser rezadas na língua do país.

Eu escutei aquilo e fiquei preocupado com o discurso do irmão marista, pois tinha certeza de que meu pai um dia me convidaria para visitar a mesquita. Na mesma hora, levantei o braço e perguntei ao professor:

– O que eu faço se o meu pai me chamar para ir a uma mesquita?

Houve uma pequena pausa seguida da resposta do irmão marista:

– Saia já da sala e vá direto para a diretoria! – disse zangado.

Mesmo sem saber o que havia feito de errado, obedeci. Ao entrar na sala do diretor, o irmão Ivo logo disse:

– Faruk, você tem um problema na sua casa, portanto não precisa mais assistir às aulas de religião.

– Me desculpe, diretor, mas eu não tenho nenhum problema na minha casa e quero continuar a ter aulas de religião. Sou católico e batizado – repliquei na mesma hora.

Mas o professor não queria mais saber da minha presença em suas aulas. Foi então que o diretor fez um acordo comigo.

– Faruk, você pode frequentar as aulas de religião, mas com uma condição: se tiver qualquer dúvida, não pergunte ao seu professor na sala de aula, venha falar comigo e eu respondo.

E foi quando percebi que há muita intolerância religiosa, mesmo que todas as religiões preguem o bem comum.

Conheci minha futura mulher quando eu tinha 12 anos e ela, 9. Nos casamos oito anos depois. Silnara era minha vizinha e muito alegre, e até hoje é uma grande companheira, sempre me apoiando nos momentos de dúvidas, incertezas e dificuldades, como quando decidi não cursar medicina. Ela já me conhecia bem, e compreendeu que eu não poderia assumir o compromisso por já estar preocupado com a família que começávamos a formar. Havia muita cumplicidade entre nós, apesar de ambos sermos muito jovens.

Os primeiros trabalhos

Abandonei o sonho de criança e fui trabalhar com meu pai e meu irmão Faissal na distribuidora de livros fundada pelo seu Said, em Curitiba, a Garantia Cultural. Comecei aos 19 anos, no depósito, e aos poucos fui conhecendo todos os departamentos até chegar ao setor de vendas. Aos poucos, descobri que tinha afinidade com essa área e, mais do que isso, tinha vocação, pois sempre gostei muito de conversar com as pessoas e perceber suas necessidades.

Os primeiros sinais de que poderia me dar bem na área de vendas vieram da época do colégio. Para ganhar uns trocados a mais e complementar a mesada, comecei a vender calcinhas de renda e meias de *nylon* para mulheres. Na época, peguei a representação da fábrica de um primo, o Anibal, casado com minha prima Edna.

Porém, este não foi o meu primeiro trabalho. Nas férias do ensino fundamental I, eu e um grande amigo, Geraldo Dallegrava, que infelizmente morreu muito cedo, trabalhávamos na fábrica do seu pai montando caixinhas de madeira, que virariam porta-joias. Tenho guardada até hoje a primeira nota de 200 cruzeiros que ganhei. Como o Tio Patinhas, personagem da Disney, eu também queria ter uma Moedinha Número 1.

Igual a meu pai em seu tempo de mascate, em 1976, após conhecer todos os setores administrativos da empresa, fui vender livros de porta em porta. Eram coleções encadernadas de dicionários, livros de história, de culinária, infantis, entre outros. E a razão de todas as coleções de livros terem suas capas com cores diferentes era porque as pessoas queriam livros para decorar a prateleira da biblioteca ou mesmo da sala, por isso o tamanho das lombadas e as suas cores eram o mais importante.

~~A faculdade de administração de empresas~~

O trabalho não me impediu de cursar administração de empresas. Além de ser um curso que poderia conciliar com a vida familiar, também poderia ajudar na minha carreira. Sempre gostei de medicina, mas percebi que também gostava da área de vendas e de comunicações. Foi então que, em 1969, enfrentei outro vestibular.

Para isso, primeiro fui analisar as matérias exigidas na prova. De cara, me dei conta de que uma delas, a matemática, não era o meu forte. Durante o científico, o Colégio Marista Santa Maria dividia os alunos em turmas, os que iam cursar engenharia, por exemplo, recebiam aulas de reforço de matemática e física, e os que iam cursar medicina, tinham aulas de biologia e química, o que era o meu caso.

Procurei, então, meu grande amigo, Rogério Gomes Carvalho, um brilhante engenheiro especialista em cálculo estrutural, que na época cursava engenharia e poderia me ensinar matemática. Ele me perguntou quando mostrei a ele o conteúdo que tinha de aprender:

– Quanto tempo temos?

– Até depois de amanhã, dia da prova – respondi.

Por essa ele não esperava:

– O quê? – disse surpreso.

Expliquei que a prova teria dez questões, valendo um ponto cada uma. Para passar, eu teria de acertar pelo menos quatro delas.

– Bom, você não tem como aprender tudo em dois dias. Vou ensinar quatro equações que eu acho que podem cair na prova. E seja o que Deus quiser! – decidiu o meu amigo.

Aprendi aquelas quatro equações e rezei para que elas caíssem na prova. E não é que Deus quis e eu acertei as quatro e tirei a nota mínima?

O curso de administração de empresas era novo e as provas foram marcadas de propósito para depois do vestibular dos outros cursos, assim, poderia atrair os alunos que não haviam passado.

No primeiro dia de provas do vestibular, os portões da Universidade Federal do Paraná se fecharam pontualmente às 9 horas. O instrutor responsável pela sala estava pronto para nos dar as orientações. Entretanto, as provas ainda não haviam chegado, pois a gráfica atrasou a impressão, já que as perguntas eram escolhidas antes do início das provas, para que o gabarito não vazasse.

Como não poderíamos sair da sala, o instrutor começou a perguntar para as pessoas que cursos já haviam prestado. Uns disseram engenharia e outros, arquitetura, ou seja, cursos mais próximos do de administração. Eu fui o único que disse ter tentado medicina. Todos riram na sala, inclusive o instrutor, que depois envergonhado perguntou por que eu não tentava medicina veterinária ou odontologia. Não deu tempo de explicar os reais motivos da minha escolha, pois as provas já haviam chegado, então respondi que preferia cursar administração de empresa, por ser uma área totalmente diferente da de medicina, a ser um médico-veterinário ou um dentista frustrado. Ele concordou comigo.

Dias depois, com o coração apertado, fui até a faculdade para ver a lista de aprovados e saber o resultado. Eram 400 candidatos para 50 vagas. Começo a passar o dedo na lista, afixada na parede, de cima para baixo, quando chego até o número 50 e meu nome não estava lá. Eu fiquei realmente desapontado, tanto que muitos pensamentos passaram pela minha cabeça, o que eu faria da vida, se teria ânimo para tentar novamente, entre outros.

Mas no final da lista havia um texto, do qual nunca mais me esqueci, que dizia: "O diretor Alceu Macedo, de acordo com as atribuições que lhe competem, resolveu aprovar os seguintes candidatos excedentes: fulano, sicrano e Faruk El Khatib".

Eu era o número 53 da lista. Por algum tempo meu apelido na faculdade foi Herbie 53, referência a um filme muito popular dos estúdios Disney *Se meu fusca falasse*. Nele, o fusca tinha o número 53 nas portas e no capô.

Com o tempo, fui conseguindo conciliar faculdade com família e trabalho, e cada vez mais passei a me interessar pelo curso. No terceiro ano, fiquei entusiasmado com a disciplina de comunicação e marketing, que na época era chamada de administração de vendas. Graças aos professores da Fundação Getulio Vargas, de São Paulo, que foram chamados especialmente para essa disciplina, posso dizer que substituí de vez minha antiga paixão pela medicina e me especializei na área de marketing.

O quarto e último ano de administração começou muito bom, com o nascimento de minha terceira e última filha, Melissa, e com a perspectiva de uma bela festa de formatura. Só não contava com um pequeno detalhe, fui o único da minha turma que não passou em administração financeira cuja base era justamente a boa e velha matemática. Sim, ela de novo. Tive de enfrentar uma nova prova se quisesse terminar a faculdade.

O problema é que marcaram o dia dessa prova para depois da festa de formatura. Conclusão, não pude participar da cerimônia, um evento importante para a família, para mim e especialmente para o meu pai, que gostaria de ver, com orgulho, o filho receber o diploma.

Percebi depois que não fora por acaso a escolha da data da minha última prova. Durante os quatro anos de faculdade, fui eleito representante da turma junto ao conselho de professores, dirigido na época pelo diretor do curso de administração da universidade. Nesse período, não foram poucos os embates travados com ele por suas atitudes antidemocráticas. Nunca saiu da minha cabeça que foi para me castigar que ele pediu ao professor da matéria para marcar a prova para depois da cerimônia de formatura. Isso me causou grande tristeza. Contudo, acabei sendo o aluno mais regular da minha turma, entrei em último lugar, o 53, e saí por último também!

Anos depois, ocorreu um episódio em que esse diretor cruzou novamente o meu caminho. Já como reitor da Universidade Federal do Paraná, ele tentava um segundo mandato, mas se envolveu em uma polêmica com um professor e pesquisador muito respeitado pela comunidade acadêmica. Nessa época eu era sócio-diretor do jornal diário *Correio de Notícias*, em Curitiba, que noticiou a questão. Lembro-me de que foi um fato de bastante repercussão e que pôde ter prejudicado a sua candidatura.

Desses tempos ficaram para mim algumas lições e algumas saudades. Com o passar dos anos, percebi que a decisão de fazer o curso de administração se mostrou a mais acertada e a mais próxima da minha realidade naquele momento. Já trabalhando com meu pai e meu irmão, percebi que poderia colocar em prática o que havia aprendido e que, no fundo, eu era mesmo um empreendedor.

> A vida é muito curta e por isso não vale a pena investir no que não nos dá prazer. A gente deve ter objetivos, mas nunca aviltar nossos princípios para chegar até ele, pois a maior malandragem do mundo é ser honesto.

CAPÍTULO 3
~~COMPRANDO GATO POR LEBRE~~

Por um bom tempo no início da minha vida profissional, eu tive de me desdobrar entre a família, o trabalho na Garantia Cultural, vendendo livros de porta em porta, e a faculdade.

No fim dos anos 1960, meu pai queria expandir os negócios editoriais, ele no comando, meu irmão na administração e eu em vendas. Entre nós houve um consenso de que não só deveríamos distribuir livros de outras editoras, vendendo de porta em porta, mas também deveríamos editar nossos próprios conteúdos. Surgiu então a editora Paraná Cultural Ltda., que anos depois, ao se juntar a uma gráfica, se transformou em Grafipar – Gráfica Editora Paraná Cultural Ltda.

A primeira obra lançada era muito especial e tinha um apelo emocional para meu pai, pois havia relação com a nossa origem libanesa, *A civilização árabe*, do pensador Gustave Le Bon (1841-1931). Uma edição caprichada e luxuosa, em três volumes com mais de mil páginas, que conta a rica história sobre o povo árabe. O livro foi muito bem recebido e teve várias edições. O sucesso animou o seu Said, que passou a investir na nova editora, incentivando meu irmão Faissal e eu nessa nova empreitada. Foi o início de um longo aprendizado na área editorial, pois, a partir daquele momento, nós não apenas distribuiríamos livros, ou venderíamos de porta em porta, mas também teríamos de selecionar e editar obras de referência para conquistar esse mercado.

Em 1966, a Grafipar lançou o *Dicionário Cultural da Língua Portuguesa*, com mais de 100 mil verbetes, e na sequência um livro que se tornaria um clássico, *História do Paraná*. O sucesso nos animou a lançar também o *História de Santa Catarina*. Essas obras estavam sob responsabilidade de Faissal, que coordenou as edições com apoio de minha irmã Selma. Nós só não editamos o *História do Rio Grande do Sul* porque os historiadores gaúchos preferiram que uma editora do próprio estado publicasse a obra.

Apesar da boa receptividade das obras, o mercado editorial nos exigia muito, não sendo fácil empreender nessa área. Por isso, em 1969, Faissal sugeriu que diversificássemos nossas atividades. Resolvemos, então, montar uma fábrica de embalagem de sacos de papel do tipo SOS, aqueles sacos usados para embalar açúcar, café, arroz, farinha e que têm o fundo quadrado.

A ideia parecia boa, pois meu sogro, Sylseu Elisio Pereira Alves, tinha uma torrefação de café, o Alvorada, que utilizava esse tipo de embalagem e nos daria bons pedidos no futuro. Já tínhamos ao menos um cliente garantido. Fundado em 1941, o Café Alvorada era uma marca tradicional e dominava pelo menos 70% do mercado de Curitiba naqueles tempos. Alguns anos depois, com a sua morte, a marca não só perdeu a liderança, como a empresa fechou por causa de conflitos familiares.

Faissal e eu fomos então procurar uma máquina para iniciar a produção dos sacos SOS. Faissal, que sempre tinha os pés no chão, era calculista e mais seguro com dinheiro, já eu era mais sonhador e arrojado. Marinheiros de primeira viagem, compramos o equipamento de um fabricante nacional, com uma parte de tecnologia brasileira e outra parte inglesa. Na hora achamos que a máquina parecia boa e barata, porém mal sabíamos que as duas partes demorariam a se entender. Só que como diz o ditado popular "o barato sai caro", e a promessa do fabricante era de que com essa única máquina poderíamos produzir sacos de vários tamanhos, meio quilo, 1 quilo, 2 quilos e até 5 quilos. Isso era tudo o que queríamos ouvir.

Com um financiamento do Banco de Desenvolvimento do Paraná (Badep), principal canal de investimentos do estado, construímos um barracão onde colocamos o equipamento. Ficou combinado que eu seria o responsável por esse novo negócio, vender as embalagens e cuidar da produção, enquanto meu pai e meu irmão tocariam a editora, dando-me suporte na área administrativa, pois eu tinha pouca experiência. Trabalhar no novo negócio foi um grande aprendizado, já que, por cursar administração, poderia colocar em prática as teorias adquiridas em sala de aula, como fluxo de produção, administração de estoque e, principalmente, técnicas de vendas direcionadas a empresas, o B2B, pois eu só tinha conhecimento em venda direta ao consumidor.

Entre a montagem do maquinário e o início da produção dos primeiros sacos de papel, foram quase trinta dias. Aproveitei esse período para fazer propaganda e vender o produto, o que foi relativamente fácil, pois não havia fábricas desse tipo de embalagem, somente em São Paulo e no Rio de Janeiro, e Curitiba seria um ponto estratégico para atender o mercado do sul do país.

A grande bronca

Meu objetivo maior, além de ter o Café Alvorada, do meu sogro, como cliente, era atender o Açúcar Diana, de Curitiba, líder de mercado e na época uma das empresas do imigrante italiano Emílio Romani, e que hoje não existe mais, pois faliu, em 1997, por questões familiares.

Logo de início, começaram os problemas. A máquina, tão bem recomendada, não produzia sacos de meio quilo, 1 quilo e 2 quilos, como prometido pelo fabricante. Só conseguíamos produzir sacos de 5 quilos.

A má notícia é que o modelo não atendia o empacotamento do Café Alvorada, que precisava apenas de sacos de meio quilo. Assim, perdi o meu cliente garantido antes mesmo de começar meu novo negócio. Uma pequena decepção logo no início da nova empreitada.

A boa notícia, porém, é que o Açúcar Diana consumia muita embalagem de 5 quilos, por isso seria um bom cliente. De fato, consegui o meu primeiro pedido: 50 mil embalagens.

Todo animado, afinal o primeiro faturamento a gente nunca esquece, iniciamos a produção. Tudo era novo: a fabricação de sacos, o local de trabalho, o equipamento, os funcionários. Justamente por isso, entre quebras, acertos e desacertos da máquina, o que deveria ser feito em dois dias demorou duas semanas para produzir a encomenda e entregá-la.

Finalmente, depois de muito trabalho durante várias madrugadas e noites de insônia, com grande ansiedade, consegui entregar o primeiro pedido para meu primeiro cliente, que era muito importante para mim. Poucos dias depois da entrega, fui chamado pela empresa. Estava muito entusiasmado com a nova empreitada, afinal, tinha conseguido produzir o combinado, mesmo que a duras penas. Também ainda havia a promessa de ter um pedido mínimo de 50 mil sacos por mês, caso o produto fosse aprovado, o que cobriria meus custos fixos e com isso manteria a empresa funcionando.

Cheguei à sede da indústria todo feliz, com a fatura em uma das mãos e o bloco de pedidos na outra. Entro todo animado na sala do diretor – nunca esqueci seu nome: Aloisio Pimentel – e antes mesmo de falar alguma coisa, sem ao menos conseguir dizer um bom-dia e perguntar como foi o teste, ele bradou, com cara de poucos amigos:

– Você sabe que neste momento tem açúcar espalhado no chão da fábrica, nos vagões de trem, nos caminhões e nas prateleiras dos mercados de Curitiba a Porto Alegre?

Na hora, eu não entendi essa reação. Incrédulo e assustado, perguntei com um fio de voz o que havia ocorrido. E ele, muito irritado e ainda com cara amarrada, respondeu:

– Os seus sacos simplesmente estouraram na hora que o açúcar foi envasado, vazaram nas pilhas, no estoque e nas lojas dos mercados. Foi um verdadeiro desastre, um tremendo prejuízo. Só isso! Você acha pouco?

Eu gelei e fiquei me perguntando como isso teria acontecido. Minha cabeça ficou a mil, já havia perdido meu sogro como cliente por não conseguir fazer sacos de meio quilo para o Café Alvorada e agora esse problema com o outro cliente importante. O seu Aloisio era o diretor-geral da companhia e tido como durão. Eu não sabia o que fazer, foi então que depois descobri que, por causa de um defeito na pinça durante a produção, um pequeno furo era feito no saco no local da dobra, o que ficava invisível pelo controle de qualidade. O saco, ao ser pressionado, estourava. Sem graça, eu disse apenas:

– Me desculpe, seu Aloisio, vou verificar e volto a falar com o senhor.

E com toda a ingenuidade juvenil, preocupado com o destino do meu empreendimento, apresentei a fatura que estava em uma das mãos e perguntei:

– Mas posso receber?

Foi então que, do outro lado da mesa, ele começou a esbravejar, soltou um palavrão, olhou bem nos meus olhos e perguntou:

– Você me dá um prejuízo danado e ainda tem a cara de pau de querer receber?

– Seu Aloisio, me desculpe mais uma vez, mas, se eu não receber, eu quebro! E estou ferrado – respondi, já todo encolhido e sentindo o mundo desabar. – Este é meu primeiro empreendimento, se fracassar, não sei o que vai acontecer comigo.

Então ele perguntou, já parecendo mais calmo:

– Olha aqui, guri, que idade você tem?

– Tenho 22, mas faço 23 em outubro – me apressei em dizer, como se isso significasse alguma coisa naquele momento.

– Você é muito novo e está começando a vida. Eu não vou acabar com o seu negócio, passa lá no caixa para receber – disse ele, ainda meio bravo, mas acho que reconhecendo a minha situação naquele momento.

Eu, cabisbaixo, agradeci e fui saindo antes que ele mudasse de ideia e resolvesse não me pagar. Foi então que me chamou:

– Garoto, vai aprender a fazer saco de papel e, quando estiver bom, volte a falar comigo.

Parecia que tinha saído de uma aula prática, ou seja, bem-vindo ao mundo real! Foi uma grande lição que recebi e até hoje agradeço a bondade do seu Aloisio Pimentel. Além disso, a atitude dele apenas reforçou a minha vontade de acertar, de recomeçar e de aprender. A forma como um executivo bem-sucedido trata um novato faz toda a diferença para quem está começando, e acho que o fato de ele ter aceitado e ter sido compreensível com meu erro foi fundamental. Em vez de me desanimar, ele me deu garra para continuar, mesmo com toda aquela bronca. Por isso, jamais me esqueci desse episódio.

Depois de sanados todos os problemas, voltei a falar com seu Aloisio, e ele cumpriu com a promessa. Assim, voltei a fornecer sacos SOS para a empresa Diana, agora sem furo.

O primeiro grande tropeço da minha vida empresarial também serviu para me ensinar que, quando você muda de ramo ou inicia uma nova atividade, por mais preparado que esteja, é preciso estar disposto a aprender, a estudar todas as possibilidades e a entender que as coisas não acontecem da noite para o dia. Ninguém ensina o pulo do gato para você. Hoje, mesmo com mais acesso a informações, pela internet, leva-se um bom tempo, pelo menos uns dois anos, para se familiarizar com uma nova atividade. Talvez por isso o formato das franquias seja uma maneira de evitar problemas, pois, quando bem estruturadas, mediante um pagamento justo, elas nos fornecem todas as informações sobre o negócio, evitando erros. É chegar, montar e trabalhar.

A nova empreitada

A vida não estava fácil para mim. Tinha aula na faculdade pela manhã, trabalhava à tarde na fábrica e às sextas-feiras viajava pelo interior de Santa Catarina em busca de novos clientes. Era um bate-volta. Aos sábados, ficava com a família, que estava crescendo. Além do meu primeiro filho, Faruk II, Silnara estava grávida de Sylseu, meu segundo filho. A máquina de sacos SOS continuava a dar problemas. Tinha dias que funcionava que era uma beleza, outros não. Foi aí que cheguei à conclusão de que não tinha muita aptidão para a área de produção e que preferia o setor de vendas e de desenvolvimento de novos produtos.

Nessa época, as vendas da editora Paraná Cultural Ltda. estavam crescendo, mas nossos livros ainda eram impressos em uma gráfica de São Paulo. Foi então que surgiu a oportunidade de comprar parte de uma gráfica que nos fornecia alguns maquinários gráficos, o que seria ótimo para a editora. Além disso, poderíamos utilizar o barracão onde estava instalado o equipamento que fazia os sacos para abrigar as impressoras e as máquinas de acabamento. Como eu já não queria mais fazer saco de papel em uma máquina instável, conversei com meu pai e com meu irmão e concluímos que era hora de passar para frente esse negócio e ficar apenas com a editora e com a futura gráfica.

Eu não me adaptei a esse mercado, mas a verdade é que foram os problemas de produção que me levaram a desanimar do negócio, pois, apesar de tudo, já estava com uma boa carteira de clientes no Paraná e em Santa Catarina.

Tomada a decisão de vender a fábrica, fui falar com Ítalo Trombini, um dos principais nomes de uma família tradicional do Paraná e diretor de uma das maiores, até hoje, fabricantes de embalagens de papel e papelão do Brasil, a Trombini S.A. A ideia era tentar vender a nossa famosa máquina de SOS. Para minha decepção, ele não demonstrou interesse, afinal estava importando um equipamento para produzir as embalagens, e que funcionava. Mais uma razão para sairmos do mercado e evitar concorrência.

De qualquer forma, ele foi muito gentil e indicou dois potenciais compradores, um no Rio de Janeiro e outro em São Paulo. Trombini me forneceu os contatos, mas impôs uma condição: caso eu conseguisse vender a máquina, entregaria a ele os clichês dos meus clientes. Clichês são as matrizes preparadas para imprimir as embalagens personalizadas, o que leva tempo e tem um custo alto para produzi-las, ou seja, praticamente estaria repassando meus clientes para eles. Estava tranquilo com essa proposta, pois eu estava saindo do mercado e para ele seria ótimo, já que teria uma base de cinquenta clientes já conquistados por mim.

Rapidamente concordei e na noite seguinte, mesmo cansado pelo dia de trabalho, embarquei em um ônibus em Curitiba com destino ao Rio de Janeiro, uma viagem cansativa de mais de dez horas de estrada.

Pela manhã, saí exausto da rodoviária e fui direto falar com a pessoa indicada, um carioca boa-praça, que infelizmente não consigo lembrar seu nome, cuja empresa se chamava Reforsaco, que pelas minhas pesquisas acredito não existir mais. Depois de me apresentar, falei que foi uma indicação de Ítalo Trombini. O empresário tinha uma indústria de sacos de papel, mas não produzia o modelo SOS, por isso se interessou pelo nosso equipamento. Perguntou por que eu queria vender e eu expliquei que tínhamos comprado para diversificar nossa atividade, mas não havia sido como planejamos e resolvemos investir em uma gráfica. A outra pergunta foi se a máquina estava funcionando.

Não contei toda a dor de cabeça que ela me deu, que tinha dias que funcionava e outros dias não funcionava de jeito nenhum. Não falei totalmente a verdade, mas também não menti. Foi uma inocente e pequena omissão por uma boa causa, apesar de ele ser do ramo e conhecer a fabricante.

Ele perguntou o preço, e eu falei o valor da época. Ele achou razoável e muito inferior ao valor de uma máquina importada, o que tornava o negócio atraente. Combinou de ver a máquina na semana seguinte quando fosse a Curitiba. Se ela realmente estivesse funcionando o negócio seria fechado, inclusive com a compra do estoque de papel em bobinas que ainda tínhamos na indústria.

Para não deixar nenhuma pendência, contei a ele que não poderia entregar os clichês dos clientes, pois já tinha prometido entregá-los a Trombini. Ele gostou da minha sinceridade, e eu saí dali satisfeito em direção ao aeroporto.

Mesmo tendo praticamente vendido a máquina, peguei um voo da ponte aérea para São Paulo para mais uma etapa da minha maratona: encontrar outro potencial comprador do equipamento. Fui mais por desencargo de consciência, pois já tinha me comprometido com o empresário carioca e tinha certeza de que daria certo. O segundo cliente realmente não se interessou. À noite já estava em um ônibus com destino a Curitiba. Foi cansativo, mas valeu a pena o sacrifício.

Missão cumprida, pelo menos com a máquina se comportando e funcionando direito até quando o empresário carioca viesse para fechar o negócio. Na manhã seguinte, comuniquei ao meu pai e ao meu irmão que tinha vendido a máquina, e que o comprador viria na próxima semana para ver o equipamento e levá-lo. Desconfiados, eles me perguntaram onde estava o contrato ou se havia algum comprovante do negócio.

> Apesar de nos dias de hoje os negócios fechados no "fio do bigode", como se dizia antigamente, quase não existirem mais, eu ainda parto do princípio de que as pessoas são honestas até que provem o contrário.

Evidentemente, não se pode ser ingênuo ou crédulo demais. Sei que muitos desconhecem essa expressão no "fio do bigode", mas antigamente era muito comum os negócios serem fechados sem que fosse preciso assinar qualquer papel. A garantia de qualquer transação era a palavra empenhada, e ela tinha valor.

Ele me disse que viria a Curitiba e, se comprovasse que a máquina estava funcionando, levaria embora o equipamento. Na data combinada, o empresário carioca veio a Curitiba e foi verificar a máquina para fechar o negócio. Por incrível que pareça, enquanto ele observava o seu funcionamento, a máquina que tanto trabalho me deu não parou de produzir um minuto sequer. Terminamos a produção dos pedidos que faltavam e dias depois o comprador embarcou com a máquina e o estoque de papel. E o melhor, pagou tudo direitinho, no "fio do bigode".

Tempos depois, fiquei sabendo que a bendita máquina funcionou perfeitamente no Rio de Janeiro. Acho que ela não gostava era do clima frio de Curitiba.

CAPÍTULO 4

~~A VEZ DO RECONHECIMENTO PROFISSIONAL~~

Após a venda da máquina de sacos SOS, eu já estava pronto para a nova empreitada: a gráfica para a nossa editora, que seria o meu primeiro negócio de verdade. Instalamos os equipamentos gráficos comprados em São Paulo no barracão da fábrica de sacos de papel e começamos a investir no mercado editorial. Para tocar o empreendimento, fizemos algumas mudanças na Grafipar e redistribuímos as funções de cada um. Meu irmão ficou com a parte industrial da gráfica, meu pai na administração geral e eu fui para uma área na qual me saía melhor, como já havia demonstrado ao resolver a questão das máquinas de sacos de papel, a área comercial e de novos produtos.

Começava ali uma nova fase da minha vida profissional e familiar. Era o início da década de 1970, minha mulher e eu aguardávamos ansiosamente a chegada de mais um filho, ou melhor, da nossa filha caçula, Melissa.

O Brasil vivia o que ficou conhecido como "milagre brasileiro", período durante o regime militar em que o governo do então presidente Emílio Garrastazu Médici implementou uma política econômica que, com base em empréstimos no exterior a juros baixos, promoveu investimentos na indústria, na agricultura, na construção e na infraestrutura do país, garantindo por um lado bons índices de crescimento ao país, mas promovendo, por outro, forte endividamento que marcaria a economia nos anos posteriores, e que por isso passaria também a ser chamado de "anos de chumbo". O Paraná, acompanhando essas mudanças, incentivou a ampliação e a criação de novas indústrias.

Com financiamento aprovado, resolvemos investir na modernização do nosso parque gráfico e na construção de novas instalações. Para isso compramos novos equipamentos, como impressoras, dobradeira de papel, guilhotina, máquinas de acabamento, grampeadora e de costura importados da antiga Alemanha Oriental. Naquela época, o Muro de Berlim ainda separava as duas Alemanhas, a Oriental, ligada ao bloco da antiga União Soviética, e a Ocidental, ligada aos países capitalistas.

O que de início pareceu um bom negócio, nos provocou uma grande dor de cabeça. Os fornecedores alemães não entregaram as máquinas no prazo previsto, e, pior do que isso, os equipamentos vieram em partes, isto é, recebíamos uma máquina, mas não podíamos aumentar a produção, pois faltava outra. Dessa vez, o barato também saiu caro, pois não aprendemos a lição com o episódio da máquina de sacos de papel. A conclusão que se tira é de que mais de 80% dos fracassos das empresas são provocados por estratégias erradas dos seus gestores. Pense nisso.

As novas instalações ficaram prontas, porém sem todo o maquinário foi impossível produzir e ter o retorno financeiro pelo investimento realizado. Nossos custos subiram com treinamento dos funcionários para manusear os novos equipamentos. Como não havia produção, o faturamento não aumentou, e ficamos sem capital de giro, ou seja, não tínhamos recursos ou capital necessário para darmos continuidade às operações da empresa. O prazo de carência do financiamento acabou e, sem poder contar com a nova linha de crédito do banco para nos socorrer, a empresa teve de pedir concordata, o que hoje chamamos de recuperação judicial, para sobreviver. Meu pai, que jamais havia pago um título com atraso, e meu irmão ficaram extremamente abalados com a situação. Eu, no entanto, ainda um coadjuvante, com pouca experiência no mundo dos negócios, não me dei por vencido, apesar de tudo, e naquele momento eu era o que tinha mais condições emocionais para tentar encontrar uma solução.

Nos momentos de dificuldades é que se criam as oportunidades, pois é preciso sair da zona de conforto para retomar o controle da situação. Não é uma tarefa fácil, mas com certeza é desafiadora. Eu tive de ter muito bom humor, confiança e atitude positiva, os quais superavam a inteligência.

Por causa da concordata, estávamos sem dinheiro e sem crédito, e a única maneira de superar essa fase era dar um jeito de aumentar o faturamento. E eu sempre otimista procurava ver o lado bom, até que chegou a boa notícia, depois de tantos aborrecimentos com os alemães, de que finalmente tínhamos recebido e instalado todo o equipamento, e a gráfica estava pronta para funcionar e aumentar a produção. E, já que as vendas estavam por minha conta e risco, arregacei as mangas e fui à luta.

~~Passeando na feira~~

Naquele ano de 1971, a Câmara Brasileiro do Livro (CBL) promoveu um Encontro Nacional dos Editores em Lindoia, interior de São Paulo, para seus associados, empresários ligados a toda cadeia editorial, em torno do tema "novidades do mundo editorial". O evento contava com a participação de representantes de editoras da Alemanha Ocidental, e vi ali uma possibilidade de ter novas informações do que estava ocorrendo no mercado editorial internacional sem ter de sair do Brasil. Só um parêntese, Frankfurt, na Alemanha, era, e ainda é, a sede da principal feira de livros do mundo, movimentando o setor editorial, gerando negócios e mostrando tendências.

Bom, como a Grafipar estava apertada de grana, recorri a um amigo da CBL, secretário-geral da entidade, e contei a ele sobre a nossa dificuldade financeira e a importância daquele evento para a minha editora. Ele, gentilmente, me liberou do pagamento da inscrição e da estadia, permitindo que eu participasse do encontro. A oportunidade era ótima, mas o clima na editora não era dos melhores. Ao contar ao meu pai e meu irmão sobre o evento, Faissal disparou:

– Estamos ferrados e você vai passear em Lindoia?

(Ele falou ferrado por que meu pai não falava palavrão.)

Não me aborreci com a sua reação, pois compreendi que ele estava tenso com a situação da Grafipar, mas não desisti do meu "passeio". Para evitar mais atritos, escolhi a forma mais econômica possível para chegar ao meu destino: fui de ônibus até São Paulo e de carona até Lindoia. Uma dica fundamental é a de que, quando você tem problemas, a criatividade é fundamental.

Durante o evento, procurei me informar sobre o cenário do mercado editorial, e duas informações fundamentais surgiram para as ideias que estavam brotando na minha cabeça. Uma delas consegui com os alemães, que me contaram que a grande novidade na Europa e nos Estados Unidos era o lançamento de livros de bolso. Como o próprio nome diz, eram livros em tamanhos menores, o que facilitava o manuseio para serem lidos no metrô, no trem ou em qualquer outro lugar, e eram produzidos com papel de baixa gramatura, mas que não prejudicava a leitura. Além disso, esse formato reduzia o custo da produção e, consequentemente, permitia diminuir o preço de capa e aumentar as vendas.

Na verdade, o formato do livro de bolso já era conhecido dos mercados europeu e norte-americano desde o início do século XX, com as edições da inglesa Penguin Books e da norte-americana Simon & Schuster na década de 1930. Mas foi a partir dos anos 1960 que esse formato ganhou novo impulso, especialmente na França, onde conquistou o mercado. Nessa época publicava-se de tudo como livro de bolso, de romances policiais a obras de ciências humanas. O formato era uma boa alternativa para os tempos de crise, mas ainda era pouco conhecido no mercado brasileiro.

A outra informação que me chamou a atenção foi, em primeira mão, do então ministro da Educação, Jarbas Passarinho, a aprovação pelo Congresso Nacional da nova ortografia, que basicamente iria alterar as regras de acentuação do português do Brasil. A lei que permitiria isso aguardava apenas a sanção do presidente Médici, o que ocorreria sem nenhuma modificação.

De volta a Curitiba, com essas duas informações, comecei a pesquisar como adaptar o nosso *Dicionário Cultural da Língua Portuguesa*, que mantínhamos no catálogo em formato tradicional, para o formato de bolso sem perder a qualidade da leitura e adotar a nova ortografia mesmo antes de ela ser oficialmente aprovada. Avaliei os prós e os contras e achei que a ousadia valia a pena. Em dezembro de 1971, ao ser sancionada pelo presidente a Lei Federal nº 5.765, nosso dicionário já estava pronto, agora como *Minidicionário – Nova Ortografia*. Na semana da aprovação, conseguimos entregá-lo aos nossos clientes, que haviam feito os pedidos antecipados, esperando a lei entrar em vigor.

A ousadia valeu a pena e foi uma tacada de mestre, pois o enorme sucesso de vendas permitiu capitalizar a empresa, pagar os nossos credores e levantar a gráfica da concordata antes do prazo permitido por lei. Resultado: ganhei credibilidade junto ao mercado e também diante de minha família.

Nesse episódio, aprendi que, quando os problemas aparecem, a melhor forma de enxergar as soluções é justamente se afastando deles. Foi o que fiz ao participar do encontro em Lindoia. Como dizia Steve Jobs, criador da Apple: "Criatividade é simplesmente a arte de conectar as coisas".

Um dia li em algum lugar sobre 3 virtudes essenciais para pautar as ações de um empresário diante de seu empreendimento: para vencer era preciso ter integridade, uma dose de persuasão e muita simplicidade. Um empresário, para ser bem-sucedido em seu empreendimento, precisa ser honesto e objetivo, ou seja, íntegro. Além disso, deve motivar as pessoas, persuadi-las de que você está à frente de um bom negócio. Por fim, deve procurar soluções simples, pois elas são sempre mais bem compreendidas e, portanto, mais fáceis de desenvolver e implementar.

~~Voo para solo americano~~

Com essa filosofia em mente, assumi definitivamente a direção comercial e editorial da Grafipar. Primeiro, fiz uma análise de nossos produtos, do catálogo da empresa, e verifiquei que uma das nossas obras, *Família, conflitos e perspectivas*, não estava muito bem posicionada no mercado, estava vendendo pouco, apesar de ter um conteúdo atual e relevante sobre relacionamento humano entre jovens, adultos e conflitos familiares. O que poderíamos fazer? Coloquei minha equipe para pensar e chegamos à conclusão de que era preciso trocar o título. Sem mudar o conteúdo, alteramos o nome para *Sexo, amor e família*, e produzimos na capa um novo projeto gráfico. Foi um sucesso de vendas. Mais uma vez pude comprovar que simples atitudes podem proporcionar grandes resultados.

No encontro da CBL, em Lindoia, conheci diversos editores e ali percebi que a Grafipar tinha capacidade para aproveitar melhor o parque gráfico, oferecendo os serviços da gráfica para outras editoras, como a Brasiliense, o Círculo do Livro, a Editora Edibolso, entre outras. Para isso criamos um atendimento diferenciado para essas editoras, cumprindo rigorosamente os prazos de entrega, bem como oferecendo ajuda técnica para melhorar a qualidade e reduzir os custos dos exemplares.

Depois do sucesso do minidicionário, das modificações na linha editorial, e da venda dos serviços gráficos para terceiros, conseguimos finalmente equilibrar as finanças da Grafipar.

> Pouco tempo depois me surgiu a oportunidade de conhecer os Estados Unidos. Sempre tive vontade de conhecer o país, e esse desejo aumentou depois das aulas sobre marketing e pesquisa de mercado que tive na faculdade, pois ninguém sabia utilizar melhor essas ferramentas do que os norte-americanos.

Em meados de 1973, meu amigo, Luiz Sguissardi e sua mulher, Rose, me convidaram para irmos juntos, e também Silnara, conhecer aquele país. O convite soou como música aos meus ouvidos e a partir daí comecei a elaborar um plano para poder viabilizar a viagem, estabeleci para mim mesmo que, se conseguisse vender até agosto daquele ano toda a produção da gráfica e ainda atingisse a meta de faturamento do ano, iria viajar. É muito importante estipular nossos objetivos, independentemente das obrigações do trabalho. Essa foi mais uma lição que aprendi com meu pai, ele não abria mão de viajar de férias com a família, e sempre recordava das nossas viagens dos tempos em que passamos no Líbano e aqui no Brasil.

Sem comentar com ninguém da família, apenas com Silnara, coloquei meu plano em ação. Visitei clientes, abri novas frentes de negócio e atingi a minha meta: o faturamento do ano estava garantido. Mas ainda faltava o dinheiro para a viagem. Então fui ao banco e pedi um empréstimo para comprar as passagens e os dólares. Enquanto isso, decidimos deixar os nossos filhos na casa de meu sogro. Tudo combinado, fui informar meus sócios que tiraria férias, ou seja, meu pai e meu irmão, pois já havia fechado as vendas até o fim de dezembro.

Mais uma vez recebi uma tremenda bronca do meu irmão, que insistiu que era uma loucura, já que havíamos acabado de sair de uma concordata e que a viagem poderia ser motivo para acharem que a empresa tinha feito algo de errado para sair tão rápido de uma situação difícil.

A preocupação de Faissal era legítima, pois havia muita concordata fraudulenta, pedida apenas para ganhar tempo e dinheiro. Meu pai, sempre muito preocupado, tinha medo de que desconfiassem da lisura de nossa empresa. Disse a eles que não tínhamos nada a temer, não havíamos feito nada de errado, e que, portanto, depois de tanto trabalhar, tinha o direito de viajar. Afinal, cumprira a minha meta de fechar as vendas até dezembro, a nossa meta de faturamento anual. Eu sairia de férias em setembro e na minha volta, um mês depois, daria tempo de iniciar as vendas para janeiro do próximo ano, portanto, nada mudaria. Mesmo depois de todas essas explicações, eles não entenderam a minha posição e insistiram que não era hora de eu sair. Houve um estresse e me senti desprestigiado.

Já que não me entenderam e como era uma chance que eu não poderia perder, achei melhor deixar a sociedade, pedir demissão do meu cargo e colocar minha parte da sociedade à disposição. No dia seguinte voltei à empresa e comuniquei minha decisão. Disse a eles que teriam tempo para procurar outra pessoa para o meu lugar nos próximos trinta dias, período da minha viagem, e assim pude dar início aos preparativos para a tão sonhada viagem.

Perto do dia do embarque pedimos visto de entrada para os Estados Unidos no consulado de Curitiba. Para nossa surpresa, nos concederam um visto de dois anos, com possibilidade de duas entradas no país para Silnara, mas eu teria de ir a São Paulo para ser entrevistado pelo cônsul-geral. Confesso que fiquei indignado com aquela medida, mas desde aquela época os conflitos no Oriente Médio deixavam os Estados Unidos em alerta, por isso qualquer descendente de árabes e judeus tinha de passar por uma investigação prévia das autoridades norte-americanas e só depois seria concedido o visto. O prazo dado por eles era de cinco dias.

Por causa desse contratempo, remarquei as passagens, mas não desisti do meu passeio. Pedi ao cônsul que acelerasse o processo, se possível, e combinei com meu amigo que ele seguiria viagem com sua mulher na frente e nós nos encontraríamos lá depois.

Passamos esses dias em São Paulo, aguardando a decisão do cônsul. Enquanto isso, eu e Silnara tivemos de conter nossa ansiedade, tanto que mal conseguimos nos divertir na capital paulista. Ao mesmo tempo, eu só pensava que era a minha primeira viagem internacional e que tinha de dar certo. Além disso, eu havia enfrentado meu irmão, não queria voltar a Curitiba assim, sem conseguir viajar. Quatro dias depois da entrevista, exatamente às 16h45, conforme o pedido do cônsul, lá estava eu de prontidão, na ampla sala do consulado, esperando a resposta. Às 17 horas, porém, o atendimento do órgão norte-americano fechou. Percebi que as pessoas começaram a ir embora, o local ia ficando praticamente vazio e nada de me atenderem. Quinze minutos depois, eu já desanimado, vi uma funcionária se aproximar com meu passaporte na mão. Pronto, agora é tudo ou nada. Tenso, eu já tentava formular algumas opções, o que fazer se não pudesse viajar.

Com um sorriso no rosto, a funcionária me entregou o documento. Meio atrapalhado pela ansiedade, abro o passaporte e, com um misto de surpresa e alívio, vejo lá carimbado o visto de dez anos e ainda com a possibilidade de múltiplas entradas no país. Curioso, não me contive e perguntei por que precisei esperar o consulado fechar para receber o passaporte. A atendente contou que o prazo era de cinco dias e que não seria possível entregar o passaporte naquele dia, pois era o quarto, contudo, como o expediente acabava às 17h, eles consideraram que às 17h15 já era o quinto dia. Foi uma exceção a pedido do cônsul, respondeu.

Respirei aliviado, e no final das contas valeu a pena ter insistido com o cônsul. Agradeci e saí correndo para encontrar Silnara e seguir para o aeroporto, pois nosso voo estava marcado para às 20 horas daquele mesmo dia, direto para Los Angeles, nossa primeira parada.

A bordo do avião, Silnara e eu estávamos eufóricos, em especial por estarmos realizando uma segunda lua de mel. Desde o nosso casamento, em 1966, do nascimento de nossos três filhos e de tudo o que eu havia passado profissionalmente, não curtíamos um momento como aquele. Foi uma viagem espetacular, cruzamos o país, depois de Los Angeles, seguimos para São Francisco, Chicago, paramos um pouco em Buffalo, para visitar as Cataratas do Niágara, fomos até o Canadá e voltamos para os Estados Unidos, seguindo direto para Washington, Nova York, Orlando e Miami. Na Flórida, decidimos fazer um cruzeiro para as Bahamas, mas não foi tão fácil. Antes de embarcar, as autoridades norte-americanas nos informaram que Silnara não poderia viajar e, se embarcasse, não poderia voltar para os Estados Unidos. Não entendemos nada, pois éramos inexperientes em viagens internacionais e não percebemos que, ao entrar nos Estados Unidos, ela havia usado uma das duas entradas permitidas pelo visto, e, ao ir para o Canadá, ela utilizou a segunda entrada prevista no passaporte. Portanto, se fosse para as Bahamas, não poderia voltar para Miami.

O que fazer agora? Seguimos viagem ou desistimos do cruzeiro? O comandante do navio nos disse então que havia um consulado norte-americano em Nassau, capital das Bahamas. Silnara poderia tentar tirar o visto de entrada dali, se conseguisse embarcaria de volta no navio, caso contrário teria de ficar em Nassau e de lá voltar ao Brasil. Perguntei a ela se queria arriscar e ela respondeu em um impulso para seguirmos em frente. Estávamos decididos a arriscar.

Em Nassau, a primeira coisa que fizemos foi procurar o consulado norte-americano. Por uma dessas coincidências inexplicáveis, ou por sorte mesmo, o cônsul dos Estados Unidos em Nassau havia trabalhado no Rio e era casado com uma prima distante de Silnara! Não só concedeu o visto, como nos levou para conhecer Nassau. Nossa vida nunca foi monótona...

Retornamos ao Brasil no dia 4 de outubro de 1973. Dois dias depois, estourou mais um conflito no Oriente Médio, a Guerra do Yom Kippur, entre Israel e um grupo de nações árabes lideradas pelo Egito e pela Síria. Daí entendi toda a preocupação norte-americana na concessão do visto.

Foram 35 dias de férias e depois delas nunca mais consegui tirar outra por um período tão longo. Por isso é bom aproveitar cada momento da vida, pois nunca se sabe o que pode acontecer depois.

De volta à realidade, me vi novamente no Brasil e desempregado, mas não por muito tempo, antes de sair havia feito alguns contatos e já tinha duas oportunidades de trabalho. Contudo, não foi preciso ir atrás de emprego, ao chegar a Curitiba, meu pai já estava me esperando e veio logo me dizendo:

– Bem-vindo de volta. Amanhã esperamos você na editora.

Não preciso dizer que aceitei na hora. Como diz a velha canção de Roberto Carlos, *O portão*: "Eu voltei, agora pra ficar, porque aqui, aqui é o meu lugar".

CAPÍTULO 5
~~PAIXÃO POR REVISTAS: DA VARIG~~ À *PETECA*

Depois da viagem de 35 dias pelos Estados Unidos e de fazer as pazes com a família, voltei à Grafipar, com as baterias totalmente recarregadas, muita energia e vontade de trabalhar. Uns dias fora do trabalho, quando está estressado, ajuda a aguçar a criatividade e a encontrar soluções.

Eu sempre gostei da área editorial, pois ela é dinâmica e exige muita criatividade do editor. Atualmente, com as novas tecnologias, como a internet e as redes sociais, as coisas mudam rapidamente, e, em fração de segundos, tudo é novidade e os desafios ficam enormes. Dá para imaginar como era editar uma revista e colocá-la no mercado, nas bancas de jornais, nos anos 1970? Era um processo muito trabalhoso.

Primeiro, era preciso redigir o texto e datilografá-lo. Segundo, depois de o texto ficar pronto e revisado, era preciso ser novamente datilografado, agora em um papel especial para depois ser recortado, diagramado e colado em uma cartolina no formato da página da revista, deixando espaços para colocar as fotos. Essa cartolina era fotografada para produzir o fotolito e só aí eram incluídas as fotos coloridas. Ufa! Assim uma página de revista, jornal ou livro, ficava pronta para ir para a gráfica. Os jovens de hoje não devem ter a menor noção do que é isso, pois agora tudo é feito por programas de computador. Por essa razão, as redações de jornais e revistas da época ficavam até de madrugada para terminar o trabalho. Nos dias atuais, muitas dessas atividades podem ser feitas de casa, via internet.

Mesmo com todas as dificuldades, algo me atraía para a publicação de revistas, e meu sexto sentido me dizia que ainda era um mercado a ser explorado no Brasil. Meu pai e meu irmão, porém, não pensavam o mesmo. Quando eu apresentava o projeto de uma nova revista para vender em bancas, recebia deles um sonoro não.

Meu irmão argumentava que era loucura querer concorrer com a Editora Abril, que naqueles tempos já era uma potência no mercado editorial, com publicações como a revista semanal Veja (1968) e a infantil *Recreio* (1969). Ao longo dos anos 1970, consolidou-se como o maior grupo editorial do Brasil. Só nesse período, a editora lançou as revistas *Exame* (1967), *Placar* (1970) e *Playboy* (1975). Não era sem razão o assombro de meu irmão, portanto.

Percebi, então, que só conseguiria criar e lançar uma revista se ela não dependesse das vendas em banca, ou seja, que, ao ser publicada e distribuída, ela estivesse totalmente paga. Uma estratégia nova para a época e que hoje é muito comum são as revistas customizadas, uma ferramenta de marketing que cresceu muito nos últimos anos no Brasil. Trata-se de uma publicação voltada para um público específico, na qual uma determinada empresa dinamiza o seu negócio e cria uma revista patrocinada, ou seja, paga por ela. Além de poder direcionar conteúdos exclusivos para o seu público-alvo, pode também ter retorno financeiro por meio da venda de publicidade em suas páginas.

Depois das minhas primeiras férias, nunca mais deixei de viajar pelo menos uma vez ao ano para o exterior, pois é fundamental ter um tempo para lazer e reflexão. E foi em uma dessas viagens de avião para o exterior que me deu um estalo ao observar que os passageiros, e eu mesmo, passávamos horas sem ter o que fazer, sem nenhum entretenimento durante o voo. É bom lembrar que estamos falando da década de 1970 e, portanto, os aviões não tinham a tecnologia de entretenimento de hoje. Para se ter uma ideia, apenas uma tela na frente da cabine dos pilotos descia durante a noite e um filme era exibido, mas só os passageiros das primeiras fileiras de poltronas é que tinham a chance de ver e ouvir alguma coisa.

E foi por isso que me surgiu a ideia de elaborar uma revista de passatempos, que seria distribuída em aviões para distrair os passageiros. Em janeiro de 1975, criei o projeto e fui bater na porta da Varig, a maior empresa aérea brasileira e a única que fazia as rotas nacionais e internacionais. Não foi fácil vender o meu produto aos executivos da empresa, foram nove meses de negociações e várias reuniões para provar que a proposta era boa, até que conseguimos fechar um contrato. Assim, nascia a revista *Passarola*, a primeira revista de bordo internacional do Brasil.

Por isso repito sempre, para quem quer ter realização e ser bem-sucedido, a persistência é fundamental.

O nome da revista, *Passarola*, era uma referência ao nome de uma engenhoca inventada pelo padre jesuíta Bartolomeu Lourenço de Gusmão lá no século XVIII. Em 1709, o padre Bartolomeu mostrou à Corte portuguesa a sua invenção: um aparelho que supostamente conseguia voar. A máquina ganhou o nome de Passarola e Gusmão, a fama de padre voador. A minha *Passarola* queria mesmo era entreter o leitor que voava.

A revista tinha o formato de livro de bolso, para facilitar o transporte nas aeronaves, e o passageiro levava como cortesia, com uma tiragem de 80 mil exemplares por mês. Ela era distribuída nos voos internacionais e trazia uma série de passatempos, como palavras cruzadas, jogos dos sete erros, tiras de história em quadrinhos, piadas, e todo o conteúdo cultural em duas línguas: português e inglês.

O grande diferencial é que a cada mês convidávamos um artista para produzir um quadro inédito, que seria a capa da edição. Além da produção artística, a biografia do autor seria destaque. Ziraldo, criador do Menino Maluquinho, Mauricio de Souza, responsável pela criação da Turma da Mônica, e os artistas plásticos Claudio Tozzi, Caribé e Juarez Machado tiveram suas obras impressas na capa da *Passarola*. No total, a revista publicou 78 renomados artistas brasileiros.

Anualmente, os quadros originais eram expostos em Curitiba e seus criadores eram convidados para abrir a exposição denominada "Salão da Passarola". Além disso, eram impressas 100 cópias assinadas por seus respectivos artistas que seriam vendidas em prol de uma instituição filantrópica. Mais tarde, esse tipo de ação seria chamado de marketing cultural, que nada mais é do que usar a cultura para divulgar um produto ou projetar uma organização.

Ao longo de seis anos e meio, a *Passarola* dominou os voos da Varig, e foi uma experiência de muito sucesso para mim e para a Grafipar, mas infelizmente o contrato foi rompido em 1981 e a revista foi substituída por outra publicação, a *Ícaro*, lançada em 1985 e que circulou até a falência da companhia aérea, em agosto de 2010. Nos últimos anos havia mudado de nome para *Revista da Varig*.

A fim de uma parceria

É necessário explicar o rompimento do contrato, pois qualquer pessoa pode passar por situações iguais, especialmente na vida empresarial.

Quando levei a ideia da revista para a Varig, fui direto ao departamento de marketing, pois seria o caminho natural quando se tem a intenção de apresentar um novo produto. Mas, para minha surpresa, o diretor de marketing na época não me atendeu, já que, segundo ele, tudo que era distribuído dentro dos aviões era assunto para o departamento de serviços de bordo.

No departamento sugerido, fui atendido por um gerente que me escutou atentamente e se interessou pelo projeto, pedindo mais informações para levar ao seu diretor, que daria a palavra final. Após esse primeiro encontro, tivemos vários outros até que chegou o dia que eu teria uma reunião com diversos diretores, inclusive com o diretor de marketing, o qual não havia me recebido meses atrás. Em uma sala de reuniões suntuosa, eu me vi diante dos diretores e de seus assessores com a missão de apresentar o meu projeto.

Para cada questionamento sobre detalhes da proposta, eu tinha uma resposta pronta e elaborada, afinal, após nove meses de ajustes realizados nas várias idas à sede da Varig, não era difícil responder a todas as dúvidas. Eu praticamente conhecia tudo sobre serviço de bordo, e já me achava um verdadeiro comandante de avião. Não tendo mais o que perguntar, e depois de definido que os recursos para custear a revista viriam do orçamento do serviço de bordo, o diretor de marketing disse:

– Já que quem vai pagar e distribuir é o serviço de bordo, eu não vejo problema em aprovar, mas gostaria de levar ao presidente da Varig para dar a aprovação final.

Foi então que o diretor de serviço de bordo tirou a proposta do meu projeto de uma pasta que estava em cima da mesa e disse:

– Não seja por isso, o presidente já viu e aprovou, então podemos tocar o projeto como está.

Naquele momento, senti um alívio e uma grande alegria pela aprovação, mas percebi que teria problemas com o diretor de marketing, que desde o início implicou com o projeto.

Infelizmente, o tempo mostrou que eu estava certo. A área de marketing, além de não me dar apoio, não permitiu que houvesse publicidade nas páginas da revista, limitando a possibilidade de melhorar o produto. Depois disso, eu nunca mais consegui falar com esse diretor.

Até que depois de seis anos e meio alguns diretores da Varig criaram uma editora chamada Ícaro, para editar a revista e fazer os vídeos internos que estavam começando a ser apresentados nos voos, e decidiram cancelar o contrato comigo.

Alçando novos voos

Com o sucesso da *Passarola*, que era um produto customizado, produzido para um cliente e totalmente bancado por ele, no caso a Varig, ganhei crédito junto aos meus sócios para me aventurar na criação de uma revista para ser distribuída em bancas de jornais, e isso ainda era um grande desafio para mim. Como fazer?

Em primeiro lugar, precisava aprender como funcionava o sistema de vendas em banca. Durante alguns meses, visitei pontos de venda espalhados pela cidade de Curitiba e, principalmente, de São Paulo. Aproveitava minhas caminhadas pelas cidades, muitas vezes durante à noite, para conversar com jornaleiros e observar os consumidores.

Constatei que algumas empresas distribuíam revistas para as bancas de todo o Brasil e uma delas era a Dinap, na época ligada ao grupo Abril. Então decidi conhecê-la e aprender como funcionava o sistema de distribuição e suas peculiaridades.

Com base nas informações que consegui durante a visita ao centro de distribuição, criei o primeiro produto, com baixo custo de produção, a *Colorindo*, uma revista infantil de colorir com 16 páginas em preto e branco e com a capa colorida. O produto era muito simples e, sendo produzido em nossa gráfica, o risco do investimento era pequeno, justamente para eu poder testar na prática como funcionava o sistema de distribuição.

> Quando se quer iniciar um negócio, é fundamental conhecer o máximo sobre ele. Hoje a internet ajuda muito, mas naquele tempo era preciso sair em campo para obter informações, no meu caso, no setor de distribuição em banca, para conhecer o seu funcionamento.

Após alguns meses de venda da *Colorindo*, percebi que apenas 30% da tiragem era vendida, ou seja, o número de exemplares que era colocado nas bancas. Essa informação era importante porque o sistema de vendas em bancas é consignado, isto é, a banca só paga para a editora o que vende, o resto é devolvido e chamado de encalhe. No final, não há muito o que fazer com o material, a não ser vendê-lo como papel usado por quilo para reciclagem.

Era um negócio de alto risco, pois se você acertasse o produto e vendesse, ótimo, se desse errado e não vendesse nada, perderia tudo o que havia investido. É bom ressaltar que estou falando aqui de revistas que se sustentam apenas com as vendas em banca. Há revistas que têm outras fontes de receitas, como a venda de anúncios e assinaturas que ajudam a manter o negócio.

Em minhas conversas com os jornaleiros e com os consumidores, percebi que havia um nicho de mercado não explorado pelas editoras. Esse nicho era uma revista de conteúdo erótico-educativo, já que sexo era tabu e a revista traria informações. Quando eu falava, as pessoas riam. Esse era o conceito, pois nenhum produto editorial se sustenta sem ter um conceito bem definido, seja como for.

A informação seria boa ou má. Eu poderia levar a ideia adiante e ser um pioneiro no negócio, e isso seria bom. Porém, se ninguém pensou nisso antes, podia significar que o mercado não era tão bom assim para aquele tipo de conteúdo. Resolvi arriscar, afinal não era a primeira vez que eu fazia isso, não é mesmo?

A tecnologia é importante, mas trabalhar com pessoas é o que faz a diferença. Com uma equipe enxuta, que já fazia parte da redação responsável pela *Passarola* – eu contava com Nelson Faria, excelente redator responsável pelo editorial, com seu texto que parecia uma sinfonia de tão agradável que era sua leitura, e Rogério Dias, que mais tarde se consagraria como grande artista plástico no departamento de arte –, lançamos no mercado, em setembro de 1976, a revista *Peteca*, voltada para o público masculino.

Ela tinha o mesmo formato de bolso da *Passarola*, mas, em vez de jogos e passatempos, havia fotos de mulheres nuas e sensuais, bem como informações sobre sexualidade, cumprindo assim sua missão de ser uma revista erótico-educativa.

Com uma tiragem maluca de 100 mil exemplares logo na primeira edição, a revista vendeu exatamente 31.500 exemplares, confirmando a minha percepção dos 30% de venda, e já com lucro, pois para cobrir meus custos precisava vender 30 mil exemplares. *Peteca* foi um sucesso.

O primeiro problema da revista veio logo após o lançamento da primeira edição: a Polícia Federal determinou que todas as próximas edições da revista teriam de passar pela censura prévia antes de serem vendidas nas bancas, com embalagem plástica e inviolável, e ainda, uma tarja com a informação "Proibida para menores de 18 anos".

Apesar do projeto inovador, tínhamos de enfrentar a exigência da censura prévia. Tudo o que produzíamos passava pelo crivo do censor, que muitas vezes impedia a publicação de imagens mais ousadas. A minha sorte foi conhecer o superintendente da Polícia Federal em Curitiba, que, sendo jornalista de formação e conhecendo a nossa proposta de fazer uma publicação de conteúdo relevante, nos ajudou muito na hora de aprovar os conteúdos da revista, que era feito em Curitiba e não em Brasília como o de outras editoras. Mesmo assim não escapamos de algumas regras, como a publicação de fotos borradas ou mutiladas das modelos, como edita hoje o Photoshop, além de termos de mudar o sentido de algumas frases por causa de algumas palavras que não eram permitidas.

A revista era dividida em diversas seções nas quais a gente procurava tratar do assunto com muito humor, mas também com qualidade e bom gosto, com um texto bem elaborado pelo Nelson Faria. Na seção "Sexyterapia", tirávamos dúvidas dos leitores, com a ajuda de médicos especialistas e psicólogos que escreviam matérias especiais sobre temas delicados, como o tema dos transgêneros e as orientações importantes sobre ejaculação precoce, impotência sexual, homossexualidade e tantos outros debatidos ainda nos dias atuais.

Uma outra seção da revista era "Confissões íntimas", que se tratava de um espaço em que as pessoas podiam enviar um texto para contar suas fantasias, suas angústias ou apenas sua história. Nós avaliávamos os conteúdos e, se fosse realmente interessante, era publicado sem identificar as pessoas.

No tempo da *Peteca* não havia aplicativo de relacionamento. Mesmo assim, por meio da revista, muitos leitores se conheceram e até se casaram depois de trocarem cartas na seção "Ponto de encontro". Fui convidado até para ser padrinho de casamento.

Também mantínhamos um concurso permanente de contos eróticos: "Conte um conto e ganhe 100 conto". Grande sacada esse *slogan*! Todos os meses o conto escolhido era publicado e seu autor recebia o prêmio em dinheiro, alguma coisa em torno de R$ 500 nos dias de hoje.

Grandes autores, hoje renomados, participaram anonimamente desse concurso. Há algum tempo, por meio de uma rede social, recebi um emocionante agradecimento de um dos vencedores que atualmente mora na Europa. Segundo ele, foi muito importante para sua vida profissional ter participado e ganhado o concurso da *Peteca*.

O sucesso da revista foi impressionante, vendíamos em média 80 mil exemplares por quinzena – para se ter uma ideia desse número, a *Playboy* publicada pela Abril vendia 100 mil exemplares por mês – e recebíamos mais de 1.500 cartas por semana, que nos mostravam a repercussão dos temas e nos davam a certeza de que estávamos no caminho certo: oferecendo aos leitores o produto que eles queriam.

Também registramos a marca *Peteca* para outros produtos, que vendíamos por reembolso postal (o que hoje seria o *e-commerce* de um *site*), como camisa, calças *jeans*, entre outros. Sob a supervisão de minha irmã Selma, criamos o primeiro perfume erótico do Brasil, o "Peteca", fragrância e embalagem desenvolvidas especialmente para nós pelos profissionais da rede O Boticário, de Miguel Krigsner, que estava iniciando sua trajetória de sucesso.

Foi um tempo engraçado, pois muita gente imaginava que a redação da revista estava repleta de mulheres lindas e sedutoras, me comparando a Hugh Hefner (1926-2017), o famoso editor e dono da *Playboy*, dos trópicos (mais tarde até tentei ser uma espécie de Bob Guccione, editor da *Penthouse*, mas essa história eu conto nos próximos capítulos). A realidade é que a maioria das fotos que nós publicávamos vinha de agências internacionais e a única produção verdadeiramente nossa era uma fotonovela escrita por José Augusto Iwersen (1946-2016), criador do primeiro cineclube do Sul do país, sobre as aventuras de uma detetive muito *sexy* que sabia usar seus atributos para desvendar os crimes, chamada Carol Blue, que fez muito sucesso, mas que também era produzida fora da editora; ele só entregava as fotos para serem publicadas.

Na segunda metade da década de 1970, a Grafipar se tornou referência sobre o assunto quadrinhos eróticos. Nas edições da revista *Peteca*, as pequenas histórias em quadrinhos apareciam em duas páginas, e o responsável por sua elaboração era o quadrinista Claudio Seto (1944-2008). Além dele, havia outros nomes de peso, como Franco de Rosa, Gustavo Machado, Fernando Bonini, Watson Portela e Carlos Magno. Roteiristas e desenhistas entusiasmados que foram chegando à cidade e alugando casas próximas umas das outras, fazendo o lugar ficar conhecido como a vila dos quadrinhos.

Os quadrinhos da *Peteca* deram origem a um movimento único na história dos quadrinhos brasileiros, e a Grafipar se tornou uma potência na área de quadrinhos fora do eixo Rio-São Paulo, tendo agora Seto como coordenador do departamento.

Foram vários títulos que fizeram um enorme sucesso, sempre com uma temática erótica, sem ser pornográfica, apesar do limite entre o erótico e o pornográfico ser uma linha bem tênue. Entre elas, *Quadrinhos Eróticos*, além de várias outras com histórias policiais e de terror no formato de quadrinhos, e uma chamada *SuperPic*, com a super-heroína Maria Herótica, a preferida de Seto. Teve também uma revista curiosa, a *Supergay*, que fazia uma sátira ao famoso personagem do Jô Soares, o Capitão Gay, que a propósito o Jô me deu uma bronca por telefone. Anos depois, quando estava fazendo um trabalho com o Pelé, conheci o Jô em um jantar em São Paulo, mas não tive coragem de contar esse episódio.

Além de todas essas publicações para adultos, lançamos a *SuperPic* para o público infantil e outra para o público infantojuvenil no estilo faroeste.

Além de Seto e de nomes como Nelson Padrella e Mozart Couto, as revistas também contavam com a colaboração do casal de poetas Alice Ruiz e Paulo Leminski – de quem eu seria o editor da primeira edição da sua cultuada obra *Catatau* (o texto foi editado sem ponto, sem vírgula e sem parágrafo). Alice foi chamada para ser editora de uma revista voltada para as mulheres, *Rose*, e de outra sobre astrologia, *Horóscopo de Rose*, ambas com conteúdo erótico e feminista, um avanço para a época. Uma curiosidade da revista *Rose*, é que ela foi criada para ser a *Peteca* das mulheres, mas acabamos criando a primeira revista gay do Brasil, pois as fotos eróticas masculinas não atraíam as mulheres. Já que a *Rose* mudou de público, criamos a revista *Nina* para o público feminino, com as mesmas características de levar informações sobre sexo, mas sem as fotos de nus masculinos. Alice Ruiz passou a cuidar da redação de *Nina* e o Nelson Padrella assumiu a *Rose*.

O sucesso foi tão grande que hoje tem até livro contando essa história. Em *Grafipar, a editora que saiu do eixo* (Editora Kalaco, 2016), Gian Danton narra toda a saga da editora na área de quadrinhos. Em 2012, com apoio da Prefeitura Municipal de Curitiba e da Fundação Cultural, foi criada a exposição Tesouros da Grafipar, no Museu da Gravura. Ali foi exposto ao público todo o acervo das publicações da Grafipar, bem como promoveu debates sobre o que a editora representou e contribuiu para o mundo dos quadrinhos nacional. Confesso que fiquei emocionado, eu não tinha a noção da importância da Grafipar para esse segmento cultural. É uma honra para mim ter feito parte dessa história tão pioneira.

No final de 1979, a censura às publicações eróticas começou a diminuir e com isso o nosso conteúdo erótico-educativo deixou de ser atrativo, pois as revistas pornográficas entraram com tudo no mercado e nas bancas e ninguém mais queria saber de revistas educativas.

A *Peteca* e os outros títulos da Grafipar, na ocasião eram 48, que já haviam vendido mais de 1,5 milhão de exemplares por mês, todos produzidos em Curitiba, foram rapidamente definhando e aos poucos fui parando de publicar o conteúdo erótico. A *Peteca* foi a primeira a chegar, em 1976, e a última a deixar de circular, em 1983.

Naquele tempo, viviam me perguntando como minha família encarava a produção de revistas eróticas. Eu sempre respondi que nunca tive nenhum problema, nem com a minha esposa, nem com os meus familiares e amigos, era um trabalho como qualquer outro e eu sempre tive muito respeito pelas pessoas e mantive minha honestidade. Nunca fui discriminado pelo mundo editorial ou por qualquer outro segmento, tampouco pelas pessoas que conviviam comigo, por publicar revistas eróticas, pois a Grafipar, além das revistas, continuava publicando livros de outros gêneros e tinha uma forte presença na produção de serviços gráficos.

Com o fim da publicação das revistas, havia chegado a hora de mudar novamente.

CAPÍTULO 6

~~TEMPO DE RUPTURA~~

A década de 1970 foi de muito trabalho na Grafipar, a *Peteca* e as outras revistas de histórias em quadrinhos deram grande impulso aos negócios da editora. Ainda nessa época, a questão da segurança no trânsito me chamou atenção. Cheguei a lançar, em 1978, um livro chamado *Pilotrando – Piloto de Trânsito*, com brincadeiras e regras de trânsito, mas não vendeu nada e por um tempo adiei meus projetos nessa área. Um ano depois compramos o jornal *Correio de Notícias*, em uma tentativa de investir no jornalismo.

No entanto, os dias tranquilos não duraram muito, e tudo mudou no início da década seguinte. Com o fim da *Passarola* e a crescente queda nas vendas das nossas revistas em bancas – entre outras razões, por causa da abertura da censura que permitiu uma avalanche de títulos com conteúdo pornográfico, competindo com o erótico-educativo da *Peteca* e das revistas em quadrinhos –, chegamos aos anos 1980 com graves problemas financeiros. Outra questão bem mais delicada, que envolvia decisões em família ajudou a piorar a situação da Grafipar.

Por conta de todos esses problemas pelos quais estávamos passando, era hora de mudar. Qualquer decisão tomada em uma empresa, ou na sua própria vida, pode gerar resultados positivos ou negativos, mas nem sempre esses resultados aparecem de imediato, podendo levar um certo tempo. Foi o que aconteceu conosco.

Para entender melhor, em 1978 fui convidado pelo governo alemão a visitar a mais importante feira de livros do mundo, que ocorre anualmente em outubro, em Frankfurt, na Alemanha. Naquela ocasião tive a oportunidade de conhecer empresas similares a nossa, grupos editoriais que estavam promovendo mudanças importantes na maneira de gerir seus negócios, com resultados surpreendentes. Basicamente, elas intensificaram o processo de separação entre as atividades gráficas e as editoriais, pois as duas áreas, apesar de complementares, não têm as mesmas finalidades. O processo de terceirização, aquele em que uma empresa contrata outra empresa para prestar algum tipo de serviço e assim diminuir os custos próprios, não era muito conhecido na área empresarial, ela só ganharia impulso com a internacionalização das empresas. Portanto, as empresas defendiam seus interesses controlando todas as etapas de produção, ou seja, para ter uma editora eu tinha de ter gráfica e distribuidora próprias, como era no caso da Grafipar.

A editora que visitei na Alemanha tinha as mesmas características que a nossa. E, exatamente naquele ano, os alemães resolveram iniciar um processo de separação das atividades. A gráfica continuaria atendendo a editora, mas também venderia os seus serviços para outras editoras. Da mesma forma, a editora teria de contratar os serviços da gráfica, mas também poderia recorrer a outras gráficas. As duas empresas seriam mais independentes e com isso conseguiriam enfrentar eventuais problemas de mercado. As empresas pertenciam ao mesmo grupo, mas tinham autonomia suficiente para não dependerem uma da outra.

Voltei da Alemanha animado com as informações adquiridas por lá e com a perspectiva de implantar o mesmo processo na Grafipar, que mantinha gráfica e editora sob o mesmo guarda-chuva empresarial. Ao expor aos meus sócios o projeto, houve uma forte resistência por parte de meu irmão Faissal, que não aceitou a ideia, enterrando assim a proposta de mudanças na empresa.

Como eu e meu irmão tínhamos participações iguais na empresa, o voto de Minerva era de meu pai, e, como para o povo árabe o primogênito tem preferência, acabei sendo voto vencido. Não tenho dúvidas, e realmente foi o que aconteceu, de que essa decisão foi fundamental para os resultados negativos da Grafipar nos anos posteriores. Se tivéssemos adotado o mesmo processo que vi na Alemanha, a questão de queda nas vendas das revistas geraria problemas apenas na editora, mas a gráfica estaria vendendo serviços para outras empresas, inclusive de outros ramos de atividades e não seria contaminada pelas adversidades do mercado. Deixamos de utilizar aquela estratégia empresarial naquele momento e isso comprometeu o futuro da Grafipar.

Toda empresa familiar enfrenta o problema de as decisões serem tomadas não pela razão, mas pela emoção. Por isso, a grande maioria das empresas familiares não consegue superar as dificuldades e transmitir um legado tanto financeiramente robusto como estruturalmente seguro para as gerações futuras. Em geral, se o fundador de uma empresa familiar não se preocupar com a sua sucessão e a profissionalização da estrutura empresarial, o negócio não terá futuro. Muitas empresas, independentemente do tamanho, grandes, pequenas ou micro, fecharam com a morte de seu fundador.

Três famílias dependiam da Grafipar: a do meu pai, a do meu irmão e a minha, portanto, se a empresa tinha problemas, todos sofriam as consequências. Havia chegado o momento de uma reformulação radical para salvá-la, mas principalmente para manter os laços familiares.

Uma proposta ousada

Não era mais possível manter a sociedade com meu irmão, pois, mesmo sendo para mim como um segundo pai, nossas diferenças profissionais e de pensamentos estavam levando os negócios à falência. Depois de muita reflexão, no primeiro mês de 1980, criei coragem, reuni meus pares e apresentei minhas razões e a solução. Propus ficar com a empresa ou sair dela, desfazendo a sociedade com meu pai e meu irmão. Após a surpresa inicial que isso provocou, resolvemos entrar em um acordo, e decidimos que eu deveria ficar. Foi o pior momento da minha vida, tanto pessoal como profissional. Não estava sendo fácil tomar a decisão de desfazer uma parceria de tantos anos, afinal meu pai fundou a empresa e muito do que aprendi foi com os dois, contudo não tinha outra alternativa e empurrar o problema com a barriga só traria maiores prejuízos. Havia a possibilidade de não conseguirmos recuperar a Grafipar e o nosso patrimônio, que naquele momento era negativo e precisava ser pago por todos.

A proposta foi um choque para a família, especialmente para o meu pai, que sempre quis ver todos juntos em casa e na empresa. No fim, ele compreendeu a seriedade da situação quando argumentei que era muito melhor nos separarmos naquele momento, tentarmos salvar a Grafipar e nos mantermos todos unidos do que perder a empresa e esfacelar a família. Tem um ditado popular que diz: "Na família em que falta o pão, todos brigam e ninguém tem razão".

Com a decisão de que eu ficaria com a empresa, precisávamos resolver a situação financeira. A Grafipar estava endividada e com seu faturamento em queda. O único contrato que restava era o da Varig, que terminaria em outubro de 1982, e o patrimônio da empresa estava negativo. Então como determinar o preço de uma empresa assim?

Depois de muita conversa e negociação, chegamos a uma definição: eu pagaria a meu irmão uma quantia suficiente para que ele pudesse montar um novo negócio e a meu pai, que tinha uma participação menor e estava aposentado, um valor menor, mas justo. E foi o que eu fiz.

O resto da família não compreendeu muito bem a situação, mas o que me importava era o consenso e a transparência na decisão. E isso efetivamente ocorreu. Não foi fácil para mim deixar para trás tantos anos de trabalho em conjunto, contudo me pareceu a solução mais acertada, pois os dados que tínhamos no momento apontavam para esse caminho. Naquele momento, eu seria o único que poderia tentar manter a editora. Na verdade, eu sabia que só implementando a separação das empresas, o que já deveríamos ter feito no passado, teria possibilidade de recuperar o patrimônio.

Por isso, logo que assumi definitivamente a Grafipar, comecei a implantar uma nova estratégia, muito parecida com aquela que havia observado na Alemanha, e a primeira medida foi desativar o parque gráfico. Fiz isso por duas razões: ele estava ficando obsoleto e teria de fazer um grande investimento para modernizá-lo, mas com a venda dos equipamentos eu poderia amortizar as dívidas. O único que não coloquei à venda foi o equipamento do jornal *Correio de Notícias*.

Com muito trabalho, e a duras penas, consegui pagar meu irmão e meu pai. Graças a esse acerto, continuamos convivendo muito bem e amigos próximos. Com o dinheiro, Faissal montou uma indústria de plásticos, e, para provar que não havia ressentimentos, me colocou como sócio da nova empresa. Depois foi para a construção civil e finalmente tornou-se sócio de uma empresa de transporte coletivo em Curitiba, estabilizando-se financeiramente até sua morte, em 2015. Nunca deixamos de manter relações fraternas. E sempre trocamos experiências profissionais, compartilhando as alegrias e as tristezas dos diferentes ramos de atividades. Acredito que se eu não tivesse a iniciativa de acabar com a sociedade na editora, as relações familiares estariam deterioradas até hoje.

O mesmo não aconteceu com a empresa do meu sogro, o Café Alvorada, onde a família ficou desunida e o negócio acabou. É interessante contar essa história, de forma resumida, pois fiz parte dela e acompanhei como tudo aconteceu. Ao contrário da Grafipar, que enfrentava dificuldades financeiras, o Café Alvorada detinha quase 70% do mercado de café torrado e moído na Grande Curitiba naquela época. A empresa era muito bem estruturada e financeiramente saudável, pois Sylseu Elisio Pereira Alves, meu sogro e seu fundador, sempre deixou os lucros na própria empresa e retirava apenas o necessário para viver de forma confortável. Casado e pai de quatro filhas, Silclea, Silnara (minha mulher), Solange (1954-2007) e Silneide, ele não tinha ninguém da família trabalhando com ele.

Oito meses antes da sua morte, em 1977, aos 56 anos de idade, ele precisou se submeter a uma cirurgia para extrair um tumor maligno. Logo depois da operação, o médico chamou a mim e a minha sogra, Eclea, para pedir autorização para conversar com o paciente a respeito da gravidade da sua doença, pois, apesar de a cirurgia ter corrido bem, meu sogro não teria muito tempo de vida. Minha sogra imediatamente disse para não contar nada a ele.

O médico então ponderou que ele era um empresário bem-sucedido e, portanto, enfatizou que deveria saber da gravidade de seu estado de saúde, assim poderia tomar as providências que achasse necessárias. Mas minha sogra ficou irredutível e não permitiu tal conversa.

Determinadas atitudes podem trazer benefícios ou desgraças no futuro, e esse foi um caso típico. A decisão de não permitir o paciente de saber sua gravidade foi o início do fim de uma família e de uma empresa bem estruturada.

Ele não preparou ninguém para sucedê-lo e, com a sua morte, minha sogra quis assumir a empresa sem nenhum preparo e com o apoio dos outros genros que também não eram gestores. Eu, o único contra essa decisão, fui voto vencido e arrumei uma encrenca com minha sogra, que achou que eu estava querendo me beneficiar da situação. Depois de vinte anos de altos e baixos e de uma administração pouco profissional, a Café Alvorada quebrou. Esse problema acabou com a empresa e desuniu a família.

Após esses dois episódios, fiquei mais atento aos problemas que uma empresa familiar pode causar. No fim de 1982, eu já não tinha mais a gráfica e estava terceirizando a impressão das poucas revistas que ainda editava, como a *Peteca* e a *Passarola*. Logo, essas duas, bem como as demais revistas em quadrinhos que fizeram o sucesso da editora, deixariam de ser publicadas. Esse, porém, não foi o fim da Grafipar. Na verdade, eu estava pronto para recomeçar e para uma nova aventura, dessa vez em voo solo. Mas isso eu conto no próximo capítulo.

Capítulo 7
~~OUSADIA E UM POUCO DE IRRESPONSABILIDADE FAZEM BEM AO EMPREENDEDOR~~

Quando concluí a faculdade de administração, em 1973, já havia me casado com Silnara e era pai de três filhos. Eu sempre tive o desejo de participar de um curso de aperfeiçoamento no exterior, em especial nos Estados Unidos, mas o fato de já ter uma família e filhos não permitia que eu deixasse o trabalho e o Brasil por muito tempo. E, como nessa época eu ainda era sócio do meu pai e do meu irmão em nossa empresa familiar, minha ausência no trabalho e no país por uma longa temporada era impossível naquele momento.

Três anos depois, em setembro de 1976, surgiu a oportunidade de fazer um curso de *business* na University of Southern California, em Los Angeles, nos Estados Unidos, uma das melhores e mais respeitadas entidades de ensino do mundo. A duração do curso era de apenas algumas semanas, e contava com tradução simultânea, o que sem dúvida facilitava a vida de quem, como eu, não podia ficar longe da empresa por um período mais longo e não dominava muito bem o idioma.

O curso havia sido criado por Roberto Muylaert, jornalista, escritor e editor muito respeitado no Brasil. O grupo de brasileiros do qual fiz parte era formado por empresários e executivos das mais diversas idades, segmentos, locais e porte de empresas. Essas diferenças tornavam a convivência muito agradável e interessante, em razão das trocas de experiências e informações. Fiz muitos e bons amigos durante essa temporada, e muitas dessas amizades mantenho até hoje.

Nesse curso, as aulas eram ministradas por renomados mestres, como Peter Drucker (1909-2005). Considerado o "pai" da administração moderna, Drucker foi jornalista, professor e escritor, influenciou muitos líderes e organizações, além de ter sido um dos precursores das teorias social e de gestão. De tudo que aprendi com suas avançadas teorias, a que mais me marcou foi a percepção de como se deve enxergar seu empreendimento. Por exemplo, eu não tenho apenas uma editora de livros e revistas, tenho uma empresa de comunicação. Pensando dessa forma, é possível perceber a abrangência de sua atividade.

Além das aulas, também assistimos a palestras de personalidades importantes do mundo político e dos negócios, como o economista Ezra Solomon (1920-2002), professor da Universidade Stanford, na Califórnia, Estados Unidos, cujo trabalho ajudou a definir as modernas teorias das finanças corporativas. Solomon atuou como conselheiro econômico no governo norte-americano entre 1971 e 1973.

A jornada em Los Angeles também envolveu visitas a diversas empresas, como a Rockwell International, que naquele momento desenvolvia um novo bombardeiro para a Força Aérea dos Estados Unidos, denominado Rockwell B-1 Lancer, e conhecido por não poder ser detectado por radares inimigos. A versão inicial foi criada no início dos anos 1970, mas depois de quatro protótipos, em razão dos altos custos, sua produção foi cancelada em junho de 1977 pelo então presidente Jimmy Carter. Anos mais tarde, o presidente norte-americano Ronald Reagan (1911-2004) reativou o programa e o B-1 fez seu voo inicial em outubro de 1984.

Essa experiência enriqueceu meus conhecimentos, e são eles que trago comigo em minhas atividades empresariais até hoje. O principal legado foi mostrar a evolução das teorias de administração e do comportamento das pessoas que, por consequência, mudam o mercado, além de ter me possibilitado criar uma rede de contatos, ou *networking*, muito importante em qualquer atividade profissional ou pessoal. Portanto, é sempre bom estar atento e aberto a novas tendências, pois quem diz que sabe tudo sobre determinado assunto já está obsoleto.

Em Los Angeles conheci Ricardo Scalamandré, na época diretor do departamento comercial da Rede Globo em São Paulo e que fazia parte do grupo. Scalamandré passaria por diversos veículos de comunicação, sempre na área comercial, até assumir em 2000 o cargo de diretor-geral de negócios internacionais da emissora carioca, onde ficou até o final de 2016, fazendo um excelente trabalho.

Ao final do curso, antes de retornar para o Brasil, eu e alguns outros participantes, entre eles o Ricardo, fomos a Nova York, que até hoje é minha cidade preferida, tanto que, quando preciso refletir e tomar decisões importantes, é para lá que eu vou. Pensar é bom, mas pensar em Nova York não tem preço.

Lá, fomos visitar o escritório recém-inaugurado da Globo que ficava em um imponente edifício da Third Avenue. Naquela época, o escritório era comandado pelo jornalista mineiro Hélio Costa, correspondente internacional que mais tarde seguiu a carreira política como deputado federal e senador até chegar a Ministro das Comunicações no governo de Luiz Inácio Lula da Silva, entre 2005 e 2010.

No mesmo andar onde ficavam o escritório e o estúdio da Globo, ficava a sede da revista *Penthouse*. Ao chegarmos ao andar, passamos na frente da sede da revista masculina de conteúdo erótico que fora lançada em 1965, no Reino Unido, pelo norte-americano Bob Guccione, e desde 1969 tinha sua edição norte-americana. Então eu apontei a placa e disse ao Ricardo:

– Vou editar essa revista no Brasil.

Ele me olhou com ar de dúvida, o suficiente para que eu entendesse que ele não tinha acreditado no que eu tinha falado.

O fundador da *Penthouse* e também autor de muitas fotografias feitas para a revista, Bob Guccione (1930-2010), era caricaturista e fotógrafo *freelancer*. Foi considerado pela revista Forbes uma das pessoas mais ricas do mundo na década de 1980. Fez sua fortuna no mundo da indústria erótica e pornográfica e revolucionou as publicações masculinas da época, editando uma revista bem mais ousada que a famosa *Playboy*, lançada nos Estados Unidos em 1953 por Hugh Hefner, e menos do que a Hustler, criada por Larry Flynt em 1974, com fotos de corpos nus mais explícitas.

Em 1979, o editor chocou o mundo do entretenimento ao produzir e ser um dos diretores do polêmico filme *Calígula*, estrelado por Malcolm McDowell, como o imperador, e astros como Peter O'Toole, que interpretou Tibério. Essa superprodução retratou a vida devassa do imperador romano cujas festas da época foram mostradas nas telas com muitas cenas de sexo.

Mas Guccione, assim como criou um império milionário, também perdeu toda a sua fortuna. Em parte pelo surgimento de conteúdo adulto gratuito na internet e também pelo fato de o editor não ter conseguido acompanhar, no momento certo, as demandas e exigências do mercado, que se abria para o vídeo e para a internet. Hoje, a *Penthouse* continua de modo tímido nesse segmento de mercado.

A proposta da *Penthouse* no Brasil

Era o final de 1981, e cinco anos havia se passado desde o episódio da minha visita ao escritório da Globo em Manhattan. Muita coisa aconteceu na minha vida profissional nesse espaço de tempo. O fato que mais me marcou, sem dúvida, foi o fim da sociedade com meu pai e meu irmão e a necessidade de um novo recomeço. A Grafipar não andava bem e eu precisava dar mais um empurrão nos negócios, por isso tinha de tentar novas estratégias. Uma das minhas ideias ainda não concretizada era a *Penthouse*.

Um dia, durante o jantar, disse para Silnara que eu viajaria por uma semana a Nova York para pedir os direitos de publicação da *Penthouse* no Brasil. Ela então questionou se eu já sabia com quem me encontraria para falar disso. Eu não tinha a mínima ideia ainda, mas minha intuição dizia que eu iria conseguir. Seguir a intuição é muito importante para qualquer empreendimento, já que ver o que está acontecendo é relativamente fácil, mas enxergar o que pode ser feito faz toda a diferença.

Silnara sempre esteve ao meu lado nas minhas trajetórias pessoal e profissional, incentivando-me e colaborando em todos os momentos, fosse nos fracassos, fosse nas conquistas, que não foram poucos. Um dos fatores importantes para o desenvolvimento profissional e pessoal de alguém é ter a pessoa certa ao seu lado, por isso foi fundamental ela ter sido minha companheira nesses anos todos e ter participado de tudo o que aconteceu ao longo da minha vida, estando sempre presente nos erros e nos acertos, nas decepções e nos momentos de êxito. Nossa parceria sempre funcionou e continua funcionando muito bem até hoje.

Viajei em um domingo à noite e no outro dia pela manhã já estava em Nova York. Desembarquei na cidade em uma manhã fria de segunda-feira, final de outono. A cidade que já é naturalmente charmosa fica ainda mais bonita com os preparativos para o Natal e para a chegada do novo ano.

Foi um grande alívio passar pela imigração, já que no meu caso essa é uma situação sempre interessante, pois eu nunca sabia o que poderia acontecer. Imagine, meu nome é Faruk El Khatib, tenho pele e cabelos claros, ascendência libanesa e italiana, e passaporte brasileiro. E, por causa de todas essas características, eu estava sempre sujeito a levantar desconfiança das autoridades. No entanto, apesar da tensão em conseguir o passaporte na primeira vez que fui aos Estados Unidos, nunca tive problema.

Assim que deixei o setor de desembarque, a primeira coisa que fiz foi comprar um exemplar da *Penthouse*. No trajeto do aeroporto até o Hotel Roosevelt, onde me hospedei, folheei ansioso a revista para encontrar a página de expediente com as informações da editora, telefone, endereço e com quem eu poderia falar sobre a publicação brasileira. Dei entrada no hotel e subi para o apartamento. Já passava das 10 horas da manhã. Então, com o número da editora em mãos, peguei o telefone e liguei em busca do meu grande objetivo daquela viagem.

– *Penthouse, good morning* – a telefonista atendeu.

Aquela voz soou como música aos meus ouvidos. Informei que gostaria de falar com Bob Guccione, e ela então transferiu a ligação para Susane Locatelli, a secretária e assessora internacional do editor.

– Bom dia, Susane, meu nome é Faruk El Khatib, sou de Curitiba, no Brasil, e estou em Nova York para falar com Bob Guccione. Estarei aqui até a próxima sexta-feira hospedado no Hotel Roosevelt.

Apesar de ter estudado inglês na escola e feito alguns cursos e diversas viagens internacionais, meu inglês nunca foi muito bom, pois sempre tive preguiça de me aprimorar e nunca tive receio de falar errado, mas sempre consegui me comunicar.

Susane então me perguntou sobre o assunto que eu gostaria de tratar com Guccione. Respondi sem hesitação:

– Quero publicar a revista *Penthouse* no Brasil.

A secretária de Guccione me respondeu que Bob era muito ocupado e que ele não ficava ali no escritório da editora, mas me prometeu que verificaria se ele poderia me atender.

Nesses anos todo de muito trabalho, uma coisa que eu aprendi rapidamente é ser direto e objetivo naquilo que se quer, afinal as pessoas muito ocupadas não têm tempo a perder com muitos rodeios. Por isso, disse com toda firmeza:

– Agradeço, Susane. Mas quero reafirmar que vim especialmente a Nova York para falar com ele e estou à disposição até sexta-feira, em qualquer horário, como Guccione quiser.

A partir de então teve início minha angústia. Será que Guccione me atenderia? Será que permitiria que eu publicasse a *Penthouse* no Brasil? Será que eu estava tomando uma decisão acertada? Apesar de todas essas perguntas, eu sabia que agora não havia mais volta. Era torcer para dar certo.

Foram dias de muita ansiedade. Eu saía do hotel e parecia um cuco de relógio ao anunciar as horas: voltava a todo momento para meu quarto para verificar se havia algum recado de Susane na secretária eletrônica. Era o início da década de 1980 e as secretárias eletrônicas ainda não eram conhecidas no Brasil, e muito menos havia o telefone celular, por isso, eu dependia mesmo delas.

Assim, passaram-se os primeiros dias. Na quarta-feira, porém, não consegui mais esperar e acabei ligando para Susane. Perguntei se ela já tinha uma posição quanto à minha reunião, pois eu ficaria em Nova York apenas até sexta-feira. Susane me disse então que Bob Guccione gostaria muito de me conhecer, mas não teria horário na agenda naquela semana. No entanto, ele havia encaminhado o assunto para John Evans, o diretor de expansão internacional da *Penthouse*. Desliguei o telefone com uma sensação de alívio, afinal já estava me sentindo frustrado, tendo de voltar para casa sem ao menos ter conseguido passar além da sua secretária.

John Evans me recebeu na sexta-feira, dia 4 de dezembro de 1981, às 16 horas. Meu voo de retorno ao Brasil estava marcado para o mesmo dia, às 20 horas, ou seja, de novo consegui o que queria, mas nos 45 minutos do segundo tempo, como no dia que fui pegar o visto no consulado norte-americano em São Paulo, quando viajei pela primeira vez aos Estados Unidos. Lembro-me de que fiquei ansioso aguardando a decisão do cônsul e de que tive de sair correndo para o aeroporto. A vida sempre me reservando fortes emoções.

Minha reunião com Evans durou exatamente 35 minutos, poderia ser mais rápida se meu inglês fosse mais fluente. Ele foi muito simpático, ouviu com interesse a minha proposta, mas não seria dessa vez que sairia com uma resposta positiva. Para concluir meu objetivo, haveria ainda mais outras nove reuniões com os executivos da revista ao longo de um ano, todas elas em Nova York.

Uma versão gringa dos quadrinhos brasileiros

No ano seguinte, praticamente a cada três semanas, eu estava de volta à Big Apple, e a cada viagem me encantava ainda mais pela cidade. De repente me veio a ideia de aproveitar essas idas e vindas para fazer uma experiência inédita e tentar faturar alguns dólares para aliviar as despesas. Podia ser coisa de maluco, mas resolvi produzir a versão em inglês de uma publicação de histórias em quadrinhos para adultos, chamada *Sexy Comix*, que reunia as melhores artes dos quadrinistas que trabalhavam conosco. Imprimi 500 exemplares e despachei no voo junto comigo na bagagem; na alfândega declarei que eram amostras e deu certo. No dia seguinte, eu mesmo fui tentar distribuir nas bancas de revista da Time Square, o mais famoso ponto turístico da cidade. Dá para imaginar eu andando pelas ruas, cheio de revistas nas mãos e tentando convencer os donos das bancas a vender o meu produto? Eu fiz isso. Meu argumento era simples, primeiro dizia que era o teste de uma revista inédita que seria lançada no mercado norte-americano e que a banca dele havia sido uma das escolhidas para isso, valorizando assim sua participação. Segundo, que o resultado financeiro dos exemplares vendidos era todo dele, em troca ele colocaria a revista em um lugar de destaque para ser vista pelo consumidor e me informaria os comentários dos leitores.

Após uma semana fui conferir os resultados e, para minha surpresa, tinham sido vendidos 55% dos exemplares, o que era bom. E ainda deixei os que não foram vendidos para o jornaleiro continuar vendendo. Com isso, decidi apostar um pouco mais alto. Produzi a revista no Brasil, exportei para os Estados Unidos e consegui convencer uma distribuidora de Nova York a enviar 20 mil exemplares para alguns estados norte-americanos. As vendas foram boas, ou seja, mantiveram os 55% de venda do total de exemplares distribuídos, mas tive de parar por causa do sindicato dos quadrinistas norte-americanos, que exigiram que eu utilizasse os desenhistas do país para continuar no mercado. O corporativismo presente em todos os lugares.

Essa ideia da revista em quadrinhos me ajudou a segurar a ansiedade enquanto aguardava uma decisão da *Penthouse* sobre o meu projeto. Ao todo foi quase um ano de negociações, no qual eu havia investido dinheiro e tempo em inúmeras viagens a Nova York, estadias em hotéis, reuniões cheias de tensão e uma angústia constante com a possibilidade de receber um não.

Cada uma dessas reuniões daria um capítulo à parte, tantas as histórias que eu poderia reunir até chegarmos ao grande dia: meu encontro com o criador, fotógrafo e dono da revista *Penthouse*, Bob Guccione.

O encontro com Bob aconteceu em 5 de agosto de 1982 e foi a última reunião para tratar da publicação da revista no Brasil. Era ele quem daria a palavra final, dizendo se entregaria ou não os direitos da revista para que eu a editasse.

Era verão em Nova York. Naquela manhã acordei muito otimista e com a sensação de que tudo daria certo. Fiz o que sempre faço, meu ritual matinal de preparação espiritual e psicológica, ou seja, rezei e meditei para enfrentar com tranquilidade o dia atribulado que teria. Independentemente de pertencer a qualquer religião, acho que ter fé e acreditar em Deus é muito importante.

Eu não queria decepcionar a pessoa que tinha a palavra final para o meu grande sonho naquele momento, Guccione. A reunião estava marcada para às 16h30. Saí do hotel com muita antecedência para não me atrasar.

Bob Guccione trabalhava na casa dele, num bairro nobre de Manhattan. Ele havia comprado dois pequenos prédios de três andares e fizera uma reforma completa que custou US$ 10 milhões, segundo pessoas da própria editora. Observando a fachada, parecia um prédio comum, mas, ao entrar na casa, podia-se notar um festival de exageros entre verdadeiras obras de arte.

No *hall* de entrada, havia duas esculturas de cães egípcios no estilo da época dos faraós. À direita da entrada, uma piscina interna revestida com ladrilhos de prata para dar um brilho especial na água. Em uma das paredes da piscina, havia colunas romanas e duas esfinges nas laterais, de onde saía uma cascata de água. Para completar, uma área social deslumbrante. No primeiro andar, o escritório no qual ele trabalhava tinha um piano dourado que pertenceu à atriz norte-americana Judy Garland (1922-1969), conhecida pelos musicais e por ser a mãe da também atriz e cantora Liza Minnelli. Nas paredes, pinturas de artistas famosos. Além dos aposentos de Bob e de sua esposa, havia mais quatro suítes para hóspedes, que eram utilizadas para receber seus convidados e as modelos escolhidas para a revista que ele fazia questão que ficassem morando ali, enquanto as fotografava. No último andar, ficava o seu estúdio. Ali havia os equipamentos mais modernos, além do charmoso teto retrátil para poder fazer os famosos ensaios fotográficos com luz natural.

Assim que cheguei, fiquei aguardando por alguns minutos no *hall* da casa, o suficiente para observar aquela extravagância toda, e em seguida a recepcionista me acompanhou até a sala de trabalho de Bob. Eu estava muito formal, vestido com um terno. Ao contrário de Bob, que estava de botas, calças de couro preto e uma camisa de seda da mesma cor, como ele sempre se vestia. Ele me cumprimentou educadamente e perguntou se eu gostava da cidade, o que respondi que gostava muito.

Então, ele foi diretamente ao ponto:

– Por que você quer editar a revista no Brasil?

– Existe uma boa oportunidade de mercado. A *Playboy*, no Brasil, está praticamente sozinha nesse segmento – respondi com firmeza.

Eu já sabia que a Bloch Editores, a segunda maior editora do Brasil naquela época e que publicava a revista *Ele Ela*, para o mesmo segmento, também queria publicar a *Penthouse* para concorrer com a Editora Abril, a líder do mercado e editora da *Playboy* brasileira. A

Bloch pertencia ao empresário Adolpho Bloch (1908-1985), editor de uma das publicações mais conhecidas no Brasil, a revista *Manchete*. O grupo Bloch chegou a ter uma emissora de tevê, a extinta Rede Manchete, mas o conglomerado decretou falência em 2000. A minha intenção, portanto, era me adiantar a eles e conseguir para a Grafipar o título para a publicação no Brasil.

Bob então continuou:

– Por que acha que devo entregar a *Penthouse* para você publicar? – quis saber o empresário

Respondi de pronto:

– Por que eu sou o melhor.

– Me diga por que você se acha o melhor – insistiu Bob.

Argumentei que na minha editora a *Penthouse* seria a revista principal, e, no concorrente, ela seria apenas mais uma. Portanto, meu trabalho editorial seria muito melhor. Bob me perguntou então se estava certo disso, e respondi:

– Sim! Eu tenho um sonho de consumo, que é ter um jato executivo, e a revista *Penthouse* vai possibilitar que eu realize esse meu desejo.

Ele, então, me olhou firme, estendeu a mão e disse:

– Confio em você. A revista é sua. Pode ir ao escritório providenciar e assinar o contrato. E boa sorte!

Imagine um empresário feliz! Eu não sabia se gritava, pulava ou me continha. Optei por me conter. Fizemos diversas fotos, para registrar aquele momento, inclusive uma delas na frente do piano dourado. Em seguida, Bob me levou para conhecer sua pequena mansão. Nos despedimos e na saída pedi à pessoa que me acompanhava que me indicasse o lavabo e, quando entro, nova surpresa, as torneiras eram todas revestidas de ouro.

Alguns dias depois, eu tinha o contrato nas mãos. E com toda a minha pressa em lançar a revista, já que estava em Nova York e para evitar mais despesas, decidi negociar as cláusulas do contrato com Kevin Mundie, o advogado da *Penthouse*, sem a presença do meu advogado. No dia do nosso encontro, enquanto acordávamos, eu consultava, por telefone, meu advogado Edgard Katzwinkel, que estava em Curitiba. Chegou um momento que o Edgard me disse que as cláusulas eram padrão e dificilmente eu conseguiria mudar, mas, se eles aceitassem que o foro jurídico fosse Curitiba e não Nova York, eu poderia assinar sem problema. Porém, ele achava que era coisa difícil de conseguir.

Foi como se tivesse falado uma palavra mágica para mim: "difícil de conseguir". Claro que soou como um desafio, e por isso fui atrás. No dia seguinte, assinamos o contrato do jeito que o meu advogado Edgard pediu, com foro em Curitiba.

Voltei ao Brasil e comecei a imaginar como pôr em prática o que havia planejado. A primeira providência foi montar um escritório em São Paulo, pois minha residência e minha sede ficavam em Curitiba e, para esse projeto, eu tinha de estar localizado no centro comercial do país. Aluguei um conjunto na Avenida Paulista e fiz um acordo comercial com o Maksoud Plaza Hotel para minha estada na cidade. Entre 1981 a 1983, morei no Maksoud, que era um dos hotéis mais badalados na época e estava sempre repleto de gente famosa e importante.

Preparei então o lançamento da primeira edição da *Penthouse* para o dia 7 de outubro de 1982, ou seja, apenas dois meses depois de eu ter feito o contrato da publicação. Tudo estava indo muito bem. Trinta dias antes do lançamento da revista, em setembro, a extravagante casa de Bob Guccione renderia a matéria principal de 12 minutos, feita por Hélio Costa, para o programa *Fantástico*, da Rede Globo. Nela, o jornalista entrevistava o rico empresário, mostrava a sua trajetória de sucesso – de um simples fotógrafo em Londres até a publicação da revista e sua fortuna de milhões de dólares – e dava os detalhes daquela residência maravilhosa. Enfim, era toda a publicidade de que eu precisava sem gastar nenhum tostão.

Além desse fato, quando fechei o contrato com a *Penthouse*, fui procurado pela maior agência de publicidade daquele momento, a MPM Propaganda, que me ofereceu seu trabalho e um crédito de US$ 1 milhão para o lançamento da revista no Brasil. O dinheiro foi muito bem-vindo. Do total, no entanto, foram utilizados US$ 600 mil para lançar a revista (ainda bem, pois foi difícil de pagar depois). A campanha de lançamento foi muito bem elaborada e teve muita repercussão no mercado publicitário.

Assim, com toda a exposição da matéria do *Fantástico* e da campanha elaborada pela agência de publicidade, não tive dúvidas em rodar 200 mil exemplares logo no primeiro número. As pessoas me acharam ousado e um pouco irresponsável por isso, pois a *Playboy*, minha principal concorrente, vendia em torno de 100 mil exemplares. No entanto, mantive meu instinto empreendedor, se tive tanto trabalho para conseguir a revista, eu tinha de investir alto nela.

O primeiro número da *Penthouse* brasileira foi um sucesso absoluto. Foram 195 mil exemplares vendidos nas bancas de todo o Brasil. Contratei o jornalista Gilberto Luiz Di Pierro, o Giba Um, diretor, editor de diversos veículos e colunista do jornal *Diário do Comércio* de São Paulo, para fazer a assessoria de imprensa da revista, mas para isso era preciso sempre criar fatos novos para gerar notícias. Então combinei com o Giba que eu iria a Nova York em novembro para levar a primeira edição para Bob Guccione e oferecer um jantar para os diretores e colaboradores da *Penthouse* de Nova York, inclusive para o próprio dono. Giba achou a ideia ótima desde que eu conseguisse concretizá-la.

~~Convites aos reis~~

Chegando em Manhattan, fui procurar o carioca Ricardo Amaral, um empresário brasileiro responsável pela criação de bares, boates e clubes noturnos de muito sucesso nas últimas décadas no Rio de Janeiro, São Paulo, Nova York e Paris.

Nos anos 1980, o Club A era uma famosa boate, frequentada por celebridades e figuras políticas brasileiras e de diversas nacionalidades. Ao lado da boate havia o restaurante Tucano, decorado com quadros retratando araras, papagaios e tucanos do artista plástico brasileiro Claudio Tozzi. E foi nesse espaço que decidi receber meus convidados para comemorar o sucesso do primeiro número da revista. Não conversei diretamente com Ricardo Amaral, pois ele estava viajando, por isso tratei dos detalhes com a gerente da casa, combinamos data, horário, número aproximado de convidados, valores e o cardápio do jantar.

Eu tinha certeza de que Bob Guccione não iria. Seus colaboradores já haviam me dito que ele não saía de casa e não aceitava convites sociais. Mas, evidentemente, eu teria de convidar ele e sua esposa, Kathy Keeton. Convidei também toda a diretoria da *Penthouse* e, o que mais me interessava, a modelo Corinne Alphen, que foi capa e estrela da principal matéria fotográfica da primeira edição brasileira. Corinne fora eleita a Pet do Ano em um concurso anual entre os leitores da *Penthouse* norte-americana, por essa razão, e também por sua beleza natural, ela foi a escolhida para ser a capa da edição brasileira. Além dos norte-americanos, chamei para o jantar o jornalista Hélio Costa, pois tínhamos ficado amigos em virtude das inúmeras vezes que estive em Nova York por causa da revista e depois pela matéria veiculada no *Fantástico*.

No dia seguinte, a grande surpresa: recebi uma ligação da secretária de Bob, não só confirmando a presença dele e de sua esposa no jantar, mas convidando a mim e a minha esposa para antes brindarmos na sua casa e, em seguida, irmos juntos ao restaurante dentro do Club A. Ele fazia apenas uma exigência: precisaria de mais um lugar para o seu segurança pessoal. Exigência prontamente atendida.

Eu estava tenso e animado ao mesmo tempo, pois não queria decepcioná-lo. O momento era oportuno para eu mostrar prestígio, seria bom convidar algumas personalidades para atrair a atenção da mídia para o evento. A primeira pessoa que veio à minha mente foi Pelé, e nessa época ele morava em Nova York e já havia parado de jogar futebol. Mas como eu iria convidá-lo? Eu não o conhecia, nem tinha seu contato, resolvi pedir ajuda ao Ricardo Amaral e liguei para ele:

– Ricardo, aqui quem fala é o Faruk, de Curitiba. Estou fazendo um jantar no seu restaurante e vou levar um dos homens mais ricos do mundo, o Bob Guccione. E você conhece sua fama!

O que prontamente ele respondeu que sim.

– Portanto, não posso fazer feio e gostaria que você convidasse o Pelé e quem mais você puder de pessoas importantes do Brasil que estejam na cidade – pedi ao empresário.

Nessa época, toda personalidade brasileira que estivesse em Nova York ia ao Club A. Assim, achei que não seria muito complicado para ele reunir algumas celebridades, inclusive o Pelé.

– Tudo bem, Faruk. Conheço a fama do Bob e sei que ele dificilmente vai a eventos sociais. Vou ver se o Pelé vem ao jantar. Não sei, não custa tentar – respondeu Amaral e senti que ele estava mesmo empenhado em tentar fazer o contato.

– Se ele quiser, eu posso ligar para me apresentar melhor. Mas, independentemente do Pelé, você também poderia convidar outros famosos – insisti, sabendo da importância do momento para o futuro da revista.

– Combinado, vou tentar – reforçou Amaral.

Não preciso nem dizer como foram aqueles dias, muita ansiedade e adrenalina. Ricardo não demorou em me dar um retorno, um dia depois da nossa conversa, ele me ligou dizendo que Pelé aguardava um contato meu. Liguei então para o rei e me apresentei:

– Pelé, meu nome é Faruk. Sou empresário de Curitiba e lancei a *Penthouse* no Brasil, que por sinal está fazendo um grande sucesso. Vou oferecer nesta quinta-feira um jantar ao Bob Guccione no Club A para apresentar a edição brasileira e comemorar o sucesso do primeiro número. Gostaria muito da sua presença, por tudo que você representa no mundo. Sendo esse um importante passo para o meu empreendimento.

Houve um silêncio na linha. Então, continuei:

– Se quiser saber sobre mim pode falar com o Mauricio de Sousa, que é meu sócio numa outra editora. (Mauricio tinha acabado de criar o Pelezinho em história em quadrinhos. Outra história a parte que vou contar mais para frente.)

Finalmente Pelé respondeu:

– Prazer em falar com você. Eu não garanto, mas se puder, vou ao jantar.

E assim, com essas palavras cheias de incerteza, eu me vi novamente cercado pelo suspense, o que já estava se tornando uma coisa habitual em minha vida.

O grande e esperado evento

Enfim, o dia do jantar chegou. Tudo conversado por telefone e nada confirmado. Pedi então ao João Noro, editor experiente e competente que eu havia contratado para a edição da revista no Brasil, chegar ao restaurante antes do horário marcado para receber os convidados, pois Silnara e eu iríamos antes à casa dos Guccione, conforme havíamos combinado.

Em 2 de dezembro de 1982, um dia de inverno nova-iorquino, chegamos pontualmente à mansão de Bob e fomos recebidos pelo casal com champanhe Veuve Clicquot e canapés. Ele elogiou a qualidade da revista e comentou que, entre as edições estrangeiras, a brasileira era uma das melhores. Em seguida, Corinne, a modelo da capa da primeira edição brasileira da *Penthouse*, juntou-se a nós. Após algumas fotos, fomos para a garagem, que ficava no interior da casa, e entramos na limusine blindada de Bob rumo ao Club A.

Durante o trajeto, minha cabeça estava a mil por hora, pensando no que nos esperava no restaurante. Enquanto Bob conversava comigo, me desejando sorte e que meu sonho do jato executivo se realizasse, eu pensava no que estaria acontecendo no restaurante. Eu não sei o que respondi a ele, pois meu pensamento era: Será que Pelé iria? Será que iriam outras pessoas interessantes?

Hoje seria muito fácil saber, era só receber um WhatsApp do João Noro e tudo bem. No entanto, na década de 1980 não havia celular, muito menos redes sociais.

A limusine estacionou em frente ao restaurante, eu desci rapidamente e com o coração na mão, sem ter a mínima noção do que iria encontrar. Mas para minha surpresa, Ricardo Amaral estava na porta, à nossa espera. Como só o conhecia de fotos em jornais e revistas, e tinha falado com ele apenas por telefone, me dirigi rapidamente em sua direção e me apresentei.

Ele me cumprimentou como se fôssemos velhos amigos, e esse foi meu primeiro alívio. Meu segundo alívio foi ver o Pelé ao entrar no restaurante. Aí a festa ficou completa.

Além do rei do futebol, estavam no jantar a modelo Luíza Brunet, musa do Brasil da década de 1980, o jornalista Ibrahim Sued, o mais famoso colunista social brasileiro, além de Hélio Costa e toda a diretoria da revista. Apesar de todos os convidados ilustres, o mais requisitado foi ele, o eterno rei do futebol, Pelé. Depois desse evento, estive em outras ocasiões com Pelé. Anos depois, empreendemos juntos um projeto.

O jantar, preparado pelo *chef* Gerard Reuther, responsável pelo cardápio do restaurante Tucano e que já era reconhecido pela qualidade dos pratos, foi um sucesso.

No final, esticamos a comemoração no Club A, à convite de Ricardo Amaral. Bob e sua esposa, Kathy, estavam felizes com a recepção e os convidados também. Na saída, ele me disse que na minha próxima estada na cidade eu seria seu hóspede e, se quisesse organizar alguma festa, a casa dele estava à disposição. Na mesma hora já comecei a pensar na festa de um ano da revista na casa de Bob Guccione, em Nova York.

A repercussão do evento rendeu muitas matérias e não foi difícil para Giba Um divulgar nas mídias brasileiras o sucesso do jantar, repleto de celebridades. No entanto, após esse megaevento, doze meses depois, eu infelizmente não estava comemorando um ano da revista na casa de Bob Guccione, conforme havia sonhado. Ao contrário, eu estava fechando a revista no Brasil. Quem poderia imaginar esse desfecho depois de tanta energia e tantos recursos desprendidos para conseguir editar a *Penthouse*?

O fim da revista

Durante o ano em que viajei a cada três semanas a Nova York para obter o contrato, gastando tempo e dinheiro, não percebi o que estava para acontecer na economia brasileira e, além disso, deixei em segundo plano os outros produtos que editava pela Grafipar. Após o lançamento da revista, em outubro de 1982, teve início no Brasil uma de suas muitas crises econômicas. O dólar chegou a ter uma alta por volta de 50%, e a inflação beirava os 100% ao ano. Para não quebrar, o Brasil precisou recorrer ao Fundo Monetário Internacional (FMI). Eu estava pagando em dólares os direitos autorais da publicação, bem como todo o papel para impressão, chapa e filmes. Estava ficando cada vez mais difícil manter esse esquema, apesar de a revista ter sido um absoluto sucesso. Politicamente, o país iniciava um processo de redemocratização. Ainda estávamos em um regime militar, mas em 1982 houve eleições diretas para governadores e senadores e a oposição ganhou em vários estados.

Além disso, com a minha iniciativa de lançar a *Penthouse*, acabei provocando os concorrentes. A Editora Abril, que editava a *Playboy*, iniciou um contra-ataque no mercado com a contratação de modelos e artistas famosas para serem fotografadas como matéria principal da revista, pagando um cachê fixo mais a participação sobre as vendas em bancas. Isso ajudou a enfraquecer as vendas da *Penthouse*.

Para evitar a queda ainda maior nas vendas, eu e a minha equipe ainda tentamos alguns lances como a criação do concurso Pet do ano, bem ao estilo norte-americano, ou seja, os eleitores votavam para eleger a modelo brasileira mais bonita e *sexy* que tinha sido publicada na revista com a premiação em dinheiro; outra tentativa foi trazer para o Brasil outro concurso, o Girl Next Door, ou a garota que podia ser sua vizinha. Nos Estados Unidos, esse concurso tinha como atrativo revelar modelos que não eram conhecidas, mas que tinham beleza incomum. Durante cinco edições mantivemos esse concurso para a capa da revista, mas, apesar da boa repercussão, não foi o suficiente para enfrentar a concorrência.

Para fazer o lançamento dessas novidades para as próximas edições, minha equipe teve uma ideia genial, mas também agressiva. Por essa época estava em cartaz em São Paulo a peça de teatro *Como matar um playboy*, de João Bethencourt (1924-2006), que contava a história de um sogro que queria matar o genro por ele ser um *bon vivant*, ou seja, um boa-vida, amante dos prazeres e sem preocupações. Contratamos o espetáculo para uma sessão exclusiva no Teatro Maksoud e convidamos o mercado publicitário, os jornalistas e artistas para o lançamento da nossa promoção. Haveria a apresentação da peça seguida de um coquetel. No convite ousado estava escrito:

"*Penthouse* convida você para conhecer *Como matar um playboy.*"

Não preciso dizer qual foi a repercussão no mercado publicitário, que achou a ideia muito criativa. Já a reação da Editora Abril era previsível. Irritada com o trocadilho, tentou mudar o nome da peça teatral, que continuava em cartaz. Claro que não foi possível, pois ela foi produzida por seu autor, que era reconhecido no mundo cultural por sua obra teatral e que jamais cogitou em mudar o nome.

Houve outra tentativa de manter a revista, além desse episódio. Em uma tarde qualquer durante o período que tentava salvar a revista, um fotógrafo, do qual eu não consigo me lembrar o nome, me procurou dizendo que tinha algo importante para me mostrar. Levou então ao meu escritório algumas fotos de um ensaio fotográfico sensual de uma menina bonita, em um táxi, nas margens do rio Hudson, em Nova York, e que estava fazendo muito sucesso no Brasil. As fotos estavam realmente deslumbrantes, precisavam apenas da autorização da própria modelo para a publicação, que era nada mais, nada menos, do que Maria da Graça Meneghel, Xuxa.

Xuxa teve uma carreira extraordinária e era na época uma das mais conhecidas e fotografadas modelos do Brasil. Era o que eu estava precisando para alavancar as vendas da *Penthouse*. Entrei em contato com ela, disse que tinha em mãos suas fotos espetaculares e que gostaria de obter autorização para publicá-las na *Penthouse*. Também ofereci participação sobre as vendas. Expliquei que para a Grafipar, minha editora, seria a salvação, pois estava sofrendo com a concorrência, principalmente da *Playboy*, e com a situação econômica do país.

Acredito que ela tenha se sensibilizado com os meus argumentos, mas afirmou que seria impossível liberar a publicação, mesmo admitindo que gostava muito desse ensaio fotográfico. Para o meu desespero, ela estava começando uma nova fase da vida profissional, no comando de um programa infantil na extinta Rede Manchete e, por causa disso, não poderia mais publicar fotos como modelo. Ela foi extremamente gentil comigo e me desejou muita sorte.

Com muita tristeza tive de entender seus argumentos e devolvi as fotos, pois ela estava com a razão. Pouco tempo depois, ela deixaria a Manchete e seria contratada pela Rede Globo, tornando-se a Rainha dos Baixinhos durante muitos anos. Atualmente, é contratada da Record TV e continua como apresentadora e muito conhecida pelo público brasileiro.

Mesmo com todas as dificuldades, consegui editar dez números da *Penthouse* no período de um ano com a mesma qualidade, tanto editorial como gráfica. No final de 1983, quando tive de fechar a revista, a sua última edição vendeu 40 mil exemplares, número expressivo para a época, mas não o suficiente para mantê-la no mercado.

Antes de tomar a decisão de fechar definitivamente a revista, porém, procurei vendê-la, afinal o mais difícil já estava feito: colocá-la no mercado com sucesso. Não consegui, a precária situação econômica do país atingiu todas as editoras e quem não era do ramo não queria investir em algo que não conhecia.

Mesmo assim, nas três últimas edições fiz uma parceria com o Jonny Saad presidente da TV Bandeirantes para divulgar a revista durante seus programas. O comercial de 30 segundos foi produzido pelo então diretor Roberto Talma (1949-2015) e muito ousado para a televisão da época.

Durante o período em que tentei salvar a revista, houve apenas uma chance de manter a *Penthouse*, que foi quando o empresário Ângelo Rossi se mostrou muito interessado. Seu pai, Giordano Rossi, fora um dos fundadores da Editora Abril, junto dos Civita, e a família ainda era sócia minoritária da editora.

Ângelo estava preparando a criação da Editora Azul para lançar títulos mais populares que não interessavam à Abril, e a *Penthouse* seria uma boa opção. No entanto, após algumas reuniões, a venda não se concretizou por uma simples razão, a Editora Abril tinha uma cláusula de exclusividade no segmento adulto com a *Playboy* norte-americana e, apesar de estarem criando uma outra editora, que teoricamente não seria dos Civita, a ligação de Rossi com o grupo como sócio minoritário era evidente e por essa razão desistiram do negócio. Foi a minha última chance. Eu fechei a *Penthouse* no final de 1983 e a Editora Azul só entrou no mercado em 1986.

Esgotadas as possibilidades, tive de tomar a decisão mais difícil da minha vida, a de fechar a revista, e o sonho virou pesadelo. Nos últimos dias de novembro daquele ano, convoquei uma reunião na sede da editora na Avenida Paulista com todos os colaboradores para informar o fechamento da revista e do escritório da Grafipar em São Paulo. Eu havia me preparado psicologicamente para aquele momento e expus toda a trajetória da revista, as dificuldades e as tentativas de sobrevivência, e que por estar sem alternativa tinha de encerrar as atividades da *Penthouse*.

Sempre acreditei que você deve dar todas as explicações a seus colaboradores ao tomar qualquer atitude mais drástica, não simplesmente dizer que vai fechar e pronto. As pessoas se sentem respeitadas ao receber um tipo de informação que necessariamente você, como proprietário, não precisaria dar. Até hoje continuo pensando e agindo com honestidade e transparência ao tratar com a equipe e com as pessoas com quem convivo.

Naquela reunião de despedida, após as explicações, pedi a compreensão de todos, pois só poderia pagar a rescisão salarial em três parcelas, sendo a primeira dali a quinze dias, e para a minha surpresa, a grande maioria aceitou o acordo.

Saí da reunião e do escritório arrasado e fui para o hotel. Entrei no quarto e desabei de soluçar, chorei como criança por um bom tempo. Não consegui sair e muito menos jantar de tão inchado que estava meu rosto e tão triste que fiquei. Me fez muito bem chorar, me ajudou a refletir e a decidir que era preciso recomeçar.

Para manter a Grafipar e sobreviver, a solução foi mais uma vez pedir concordata, agora sob minha responsabilidade.

Na minha vida sempre tive mais credibilidade do que crédito. Crédito você pode perder e recuperar ao pagar suas dívidas, mas a credibilidade quando se perde é quase impossível de recuperar. Além disso, nunca me faltou ousadia, coragem e um pouco de irresponsabilidade para poder encarar outros projetos.

Após ter obtido o contrato, eu deveria ter esperado para lançar em outro momento. Mas minha ansiedade falou mais alto, ou seja, meu emocional se adiantou à razão. Essa experiência me fez chegar à conclusão de que tinha o produto certo, no lugar certo, mas na hora errada.

CAPÍTULO 8

~~BREVE SOCIEDADE COM MAURICIO DE SOUSA~~

Apesar de estar muito envolvido com o lançamento da *Penthouse* brasileira, havia outras coisas acontecendo na minha vida, especialmente depois de a sociedade com meu pai e meu irmão ter sido desfeita.

Nos primeiros dias de 1982, um brinde selaria o início de uma parceria, que seria breve, porém, marcante. Estávamos, Silnara e eu, em um elegante restaurante na região dos Jardins, em São Paulo, em companhia de Mauricio de Sousa e de sua irmã Yara Maura Silva. Maurício já era o famoso criador da Turma da Mônica e reconhecido em todo o Brasil.

Ele começou no fim da década de 1950 publicando tiras em jornais dos personagens do cãozinho Bidu e de seu dono Franjinha, poucos anos depois transformou Mônica, Magali, Cebolinha e Cascão em um sucesso estrondoso. A primeira revista da Turma da Mônica, lançada em 1970, pela Editora Abril, teve uma tiragem inicial de 200 mil exemplares. Não foi pouca coisa. Dali para frente, ano a ano, novos lançamentos só fortaleceram a marca e fizeram da turma as personagens mais conhecidas e queridas do país. O que continua até os dias atuais com o maior número de produtos licenciados do Brasil.

Por isso, aquele brinde foi muito especial para mim, significou o nascimento de uma nova editora para publicar os produtos do Mauricio de Sousa. Eu já o conhecia e tinha certeza de que uma parceria como essa tinha tudo para dar certo.

Ainda durante o jantar, discutimos as estratégias do novo negócio e qual seria o seu nome. Maurício, como sempre muito criativo, disse na hora:

– Que tal Fama?

Não precisamos pensar muito para concordar. Parecia um bom nome, mas ficou melhor ainda quando completou:

– Além do significado da palavra, a escolha tem uma lógica, vejam só, é simplesmente a junção dos nossos nomes "Fa", de Faruk, e "Ma", de Mauricio.

Não foi mesmo uma sacada de gênio?

Assim surgiu a Editora Fama Ltda., registrada em 20 de maio de 1982, na junta comercial de São Paulo, com sede na Rua Barão de Limeira, 401, 1º andar. No mesmo endereço da Mauricio de Sousa Produções.

Quando criei a *Passarola*, revista de bordo da Varig, pensei em incluir entre os passatempos algumas tiras em quadrinhos. Por isso, em 1975, fui procurar o Mauricio para ver se ele concordava em criar as tiras para a revista, pois sabia que no início de sua carreira ele criou pequenas histórias em quadrinhos para os jornais.

Na época, a irmã do Mauricio, Yara Maura, era a diretora comercial da empresa e ficou bem entusiasmada com a proposta, pois estava alinhada com o projeto de tornar a Turma da Mônica conhecida também no exterior. A *Passarola*, por ser distribuída em voos internacionais da Varig, poderia dar boa visibilidade aos quadrinhos. Assim, ela não só concordou, como acertamos um bom contrato para a sua utilização.

Por causa desse acerto, nos anos seguintes, entre 1975 e 1982, estive por diversas vezes com Mauricio e com Maura para tratar desse contrato, o que deu origem à nossa amizade que perdura até hoje.

Certa vez, em 1978, uma feliz coincidência nos reuniu em um voo para Frankfurt, na Alemanha. Ambos estávamos indo para a feira de livros, eu como convidado do governo alemão, e para minha surpresa Mauricio foi meu companheiro de voo. Conversamos tanto e sobre tanta coisa que nem sentimos o tempo passar.

Ao desembarcar no aeroporto de Frankfurt, havia uma pessoa que seria meu guia e intérprete me aguardando já na saída da aeronave. Em seguida, ao nos dirigirmos para retirar as bagagens, percebi que Mauricio estava sozinho tentando se comunicar com um guarda local, sem sucesso. Fui ao seu encontro para tentar ajudá-lo. Ele, já meio desesperado, me explicou que tinha perdido todo o material que havia trazido para apresentar a diversos editores estrangeiros durante a feira, que até hoje é a maior e mais importante vitrine literária do mundo.

Para tentar resolver o problema, pedi ao meu guia que desse uma força ao Mauricio. Não sei bem como o guia conseguiu reaver o material, devia estar parado na alfândega, ou havia algum outro probleminha burocrático, o fato é que graças à eficiência alemã, e com as devidas providências, no fim da tarde meu amigo recebeu em seu hotel todo o material extraviado. Ele ficou muito grato.

Durante esses anos, além da amizade, trocávamos boas experiências, tanto na área de conteúdo, que era a dele, como na minha, empresarial. Nessas conversas, Mauricio me confessou que estava um pouco chateado com a sua editora, na época a Abril, que tinha exclusividade nas revistas da Turma da Mônica e criara um monte de empecilhos para evitar o lançamento de novos produtos em outros segmentos do mercado. Isso o deixava amarrado, sem liberdade para alçar novos voos, como ele mesmo relata em seu livro *Mauricio - A história que não está no gibi*, lançado em 2017 pela Editora Primeira Pessoa.

No início da década de 1980, Mauricio já era o maior vendedor de revistas infantis em quadrinhos do Brasil. O cartunista é dono da Mauricio de Sousa Produções, produtora de desenhos animados, mas seu grande sonho era mesmo ter a própria editora. Foi daí que surgiu a ideia de criar a editora e a oportunidade de eu propor a parceria. E foi assim que nasceu a Fama.

Para poder viabilizar o negócio, Mauricio teve de fazer um acordo com a sua editora: os produtos que ela não tivesse interesse em publicar, liberaria para a Fama. Em um primeiro momento, a única condição imposta por ela foi a de não utilizar o sistema de distribuição via bancas de jornal, mas com o tempo, ao perceber que não seríamos um concorrente, essa barreira acabou sendo quebrada.

Ainda em 1982, Mauricio criou o primeiro projeto na Fama: O que você vai ser quando crescer, uma coleção composta de 12 volumes, com 32 páginas coloridas no miolo em papel couchê e capa dura em quatro cores. Os livros ilustrados orientavam as crianças sobre diversas profissões. Cada volume retratava uma profissão, seis de ensino superior como medicina, engenharia e direito, e as outras seis eram sobre cursos profissionalizantes como eletricista, motorista profissional, mecânico, entre outros. Os livros eram vendidos no sistema porta a porta e as vendas naquele ano foram boas, apesar da crise econômica que o país enfrentava.

Além dessa coleção, chegamos a colocar nas bancas, já com autorização da Editora Abril, uma linha de passatempos infantis, as *Cruzadinhas da Turma da Mônica*. Lançamos as cruzadinhas da Mônica, do Cebolinha e do Chico Bento com vendas expressivas e com tiragens que variavam de 50 a 80 mil por título a cada mês.

Mesmo com o surgimento da Fama, eu mantive a Grafipar, que naquele momento tinha várias publicações em banca, e me preparava para o lançamento da *Penthouse*, em outubro de 1982. Aos poucos ia me equilibrando entre as demandas das duas editoras. O lançamento da revista norte-americana tomava boa parte do meu tempo. Era uma aposta arriscada, como eu contei no capítulo anterior, mas procurei não misturar os modelos de negócio. Cada editora tinha o seu perfil editorial, além de locais e equipes de profissionais diferentes.

A sociedade acabou, mas a amizade não

Em meados de 1983, uma pessoa da equipe da Mauricio de Sousa Produções, de forma velada, começou a questionar a nossa parceria. Isso ocorreu justamente após eu lançar, com todo aquele estardalhaço, a *Penthouse*. O argumento foi que não era saudável para o Mauricio manter qualquer tipo de negócio com um sócio que publicava revista erótica, já que poderia até atrapalhar a imagem das personagens. O que não tinha o menor fundamento, pois a Editora Abril, onde Maurício publicava os quadrinhos da Turma da Mônica, também editava revistas para adultos, ou seja, era puro preconceito.

Meio sem jeito, o Mauricio veio falar comigo sobre a decisão de deixar a sociedade. Não adiantou nada tentar fazê-lo mudar de ideia, argumentando que nossa parceria poderia render grandes frutos no futuro, pois ele já estava decidido. A sociedade acabou, mas continuamos amigos. Tanto que ele permitiu que a Editora Fama, que passou a ser apenas minha, continuasse editando as *Cruzadinhas da Turma da Mônica* ainda por alguns anos.

Enquanto isso, Mauricio iniciava um namoro com a Editora Globo, como ele descreve em seu livro. Em 1987, enfim, ele transferiu toda a sua produção para lá.

Apesar de ele me garantir que o contrato das cruzadinhas não estava no pacote que havia fechado com a nova editora, fiquei preocupado com essa mudança e alertei o Mauricio para a possibilidade de a Editora Globo criar problemas para a Fama, questionando a publicação dessas revistas. No início, havíamos fechado um acordo com a Editora Abril, agora, porém, a Globo tinha exclusividade com o Mauricio e poderia impedir que continuássemos publicando personagens dele.

Não deu outra. Logo, alguém da Editora Globo me procurou, e cheio de dedos, pois sabia da minha amizade com Mauricio, e reforçando que não queria me prejudicar, me disse que, em função de tudo o que a editora estava se comprometendo em fazer com as personagens da Turma da Mônica, não poderia ficar sem controle sobre tudo o que o cartunista criasse.

Eu não queria criar problemas para o meu amigo, por isso apenas pedi um prazo de seis meses para me organizar, e me deram quatro, e eu tive de me contentar com isso. Na prática, tirar as personagens da Turma da Mônica era acabar com a Fama, o carro-chefe da editora. Mas não havia o que fazer. Já tinha perdido o sócio, agora estava perdendo as personagens que vendiam muito bem.

A ~~Turma~~ da ~~Melissa~~

O importante era não desanimar. Eu queria manter a Fama, por isso o jeito foi buscar no mercado outras personagens para substituir a turminha do Mauricio. Eu sabia que não seria fácil, a Mônica e seus amigos haviam conquistado o mercado brasileiro. Nessa busca, as personagens mais conhecidas e com maior apelo de venda já estavam ligadas a outras editoras. Mesmo assim, consegui a licença para editar os Smurfs, o Bozo e algumas outras figuras menos conhecidas. Contudo, nenhuma delas tinha o apelo comercial da pequena dentuça.

Foi quando, em uma conversa com Claudio Seto, que cuidava dos quadrinhos da Grafipar, veio a sugestão de criar a minha própria turminha. Assim como Mauricio criou a Turma da Mônica com personagens inspiradas nas suas filhas Mônica e Magali e seus amigos, eu teria uma série de personagens formada pelos meus próprios filhos. Eu não teria mais a Mônica, a Magali, o Cebolinha e o Cascão, mas teria a Melissa e seus irmãos Faro e Su com seus amigos Ana e Toshio e os bichinhos de estimação Balu, um cachorrinho muito esperto, Pet, um cágado idoso e sábio, e Taga, um papagaio tagarela.

Incentivado por Seto, que foi o responsável por transformar meus filhos em personagens, dei início à série Melissa e seus amigos, uma turminha politicamente correta. Lancei as *Cruzadinhas da Melissa* e também investi em uma ideia ousada: uma revista em quadrinhos denominada *O mundo perfeito de Melissa*, na qual as crianças escolhiam o final da história. As duas últimas páginas da história principal da revista tinham um espaço em branco no qual o leitor poderia escrever o final que achasse melhor, utilizando a criatividade e os desenhos encartados para recortar e colar.

Foi possível manter sustentável essa fase de bancas até o início de 1988, quando então desativei por completo minha participação nesse nicho do mercado editorial. As personagens da Turma da Melissa, porém, continuam até hoje e são o carro-chefe da Fama nos programas de educação de trânsito e cidadania para crianças, adolescentes e jovens.

Enquanto me desdobrava para manter a Fama, na outra ponta dos meus negócios enfrentava dificuldades com a Grafipar. Como contei no capítulo anterior, depois de apostar as minhas fichas para publicar a *Penthouse* no Brasil, a queda nas vendas por causa da recessão me obrigou a fechar a revista. No final de 1983, com prejuízos acumulados e sem recursos financeiros, fui obrigado a tirar vários títulos de circulação, além da revista norte-americana, e pedir concordata para equacionar as minhas dívidas. Em menos de um ano, já tinha me recuperado e pagado o que devia.

Aprendi com essa experiência que quando você é devedor há duas coisas fundamentais a se fazer. Em primeiro lugar, seja honesto e sincero com seus credores. Exponha a situação e explique o que aconteceu, mas não prometa o que não pode cumprir. Em segundo, não se esconda. Atenda a todos e a qualquer momento, pois é você quem deve satisfações a eles.

Jogue limpo e enfrente o revés.

Na vida existem contratempos e tragédias e é preciso não misturar as coisas e conseguir distingui-las. A maioria é apenas um contratempo. Falta de dinheiro você pode resolver, mas falta de saúde não tem nada que amenize. Quando eu estava no auge da minha crise financeira, meu cunhado, o doutor Marcílio Borges Gomide, marido de minha irmã Maria Fátima, me ligou e disse: "Cuide bem da sua saúde, pois com ela seus credores vão te respeitar, sem ela, você é carta fora do baralho". E foi o que fiz.

CAPÍTULO 9

UMA EXPERIÊNCIA JORNALÍSTICA

No início de 1979, decidimos empreender no jornalismo com a compra do jornal diário *Correio de Notícias*, que existia há três anos em Curitiba. Nessa época, meu pai, meu irmão e eu ainda erámos sócios da Grafipar.

Ao assumirmos o jornal, o objetivo era fazer um jornalismo independente com imparcialidade e em defesa da liberdade e da democracia. Em termos pessoais, era um momento delicado da minha vida, pois havia alertado meus sócios da fragilidade das publicações erótico-educativas, o forte em nossos negócios. Havia um movimento muito forte para liberação da censura de imprensa, o que praticamente inviabilizava a nossa proposta.

Logo que compramos o *Correio de Notícias*, anunciamos ao mercado que haveria uma interrupção na circulação por 90 dias, tempo necessário para transferir os equipamentos de local. A rotativa foi para o parque gráfico da Grafipar e a parte administrativa, redação e diagramação, para uma nova sede. Nesse período, nós também reestruturamos a equipe de jornalistas e de colaboradores do jornal.

Cumprido esse prazo, relançamos o novo *Correio de Notícias*, imparcial e independente, como era a nossa proposta inicial. Contudo, a notícia de ter um jornal com uma postura mais democrática desagradou a setores da política paranaense da época.

Vale lembrar que o Brasil vivia os anos finais do regime militar e a censura prévia ainda era regulamentada pelo Decreto-lei nº 1.077, de janeiro de 1970, que em seu primeiro artigo dizia que "não seriam toleradas as publicações e exteriorizações contrárias à moral e aos bons costumes quaisquer que sejam os meios de comunicação" e no segundo artigo completava: "Caberá ao Ministério da Justiça, através do Departamento de Polícia Federal, verificar, quando julgar necessário, antes da divulgação de livros e periódicos, a existência de matéria infringente da proibição enunciada no artigo anterior". Ou seja, não havia liberdade de expressão, apesar de aos poucos o país caminhar para o fim da ditadura, o que aconteceria em 1985.

A situação ainda era tensa e, antes mesmo de o jornal entrar novamente em circulação, cresceram as especulações em torno do tom que seria adotado na cobertura jornalística. Setores políticos e da sociedade paranaense criaram um monstro antes mesmo de conhecer o conteúdo do jornal e começaram a nos pressionar a adotar uma postura favorável e alinhada politicamente ao governo.

Uma grande besteira, pois a minha preocupação foi montar um time de jornalistas competentes, sem laços com qualquer tendência política, contratados por sua capacidade e para seguir a linha editorial democrática do jornal. A nossa proposta era de que a equipe mantivesse uma postura isenta, escrevendo o que era apurado e comprovado, tendo total liberdade, mas com responsabilidade, de acordo com o pensamento do jornal. Mas isso não foi bem compreendido por quem detinha o poder político na ocasião, havendo boicote ao jornal.

O clima de insegurança que se instaurou em torno de uma suposta ameaça do *Correio de Notícias* ao pensamento político vigente se manifestou de forma concreta no elo mais frágil de qualquer empreendimento: a forte pressão econômica. Um empréstimo que já havia sido aprovado pelo Banco Regional de Desenvolvimento Econômico não saiu. Essa foi a forma exata encontrada para nos desestabilizar.

A posição do banco desestruturou financeiramente a empresa e, sem o dinheiro do empréstimo, não conseguimos manter o jornal. Se foi uma forma de forçar uma mudança na linha editorial, não conseguiram. Não iriam me dobrar, eu, ainda na faixa dos 30 anos, podia ser jovem e idealista, mas jamais aceitaria a interferência na linha editorial, isso era contra todos os meus princípios. Tomei uma atitude drástica, fechei o jornal depois de apenas 120 dias de circulação. Isso pegou muita gente de surpresa, pois as pessoas não imaginavam que eu seria capaz de fechar um negócio para não me dobrar ao ideal ao qual me propus: um jornal independente. Se não pudesse ser assim, não valeria a pena continuar. Por isso, fiz questão de expressar todo o nosso repúdio à situação na manchete da última edição:

"*Correio* fecha, um dia volta independente."

Pensando friamente agora, se tivesse mais maturidade não assumiria uma postura tão radical fechando o jornal, talvez aguardasse mais um pouco, procurando manter o *Correio* de alguma forma. Mesmo assim acredito que foi o mais acertado, o momento exigia isso: ou abaixava a cabeça e mudava a linha do jornal ou impunha a minha opinião, e foi essa decisão que me permitiu retornar ao jornal anos depois.

O fechamento abrupto do *Correio* contribuiu para o agravamento da situação financeira da Grafipar. A compra do jornal foi uma proposta minha e aceita pelos meus sócios, por isso achei que era minha obrigação me responsabilizar na hora de o tirar de circulação. Como já contei aqui, esse foi também um revés na empresa que colaborou na dissolução da sociedade. Meses depois, fiquei sozinho na editora.

Se por um lado, apesar de complicada, a resolução me trouxe a possibilidade de poder tomar decisões sozinho, por outro, passei a sentir o peso da responsabilidade, seja pelos sucessos, seja pelos fracassos.

Aliás, esse foi um dos grandes problemas que precisei enfrentar ao longo da minha vida como empresário, saber lidar com os fracassos e assumir os erros. Eu sempre fui muito exigente comigo mesmo e sempre soube que não era culpando os outros por nossas próprias falhas que conseguiria crescer profissionalmente. Eu sabia que o caminho para vencer era ser senhor de mim mesmo, tanto nos momentos de sucesso como naqueles de grande tensão, como foi o caso do jornal.

Após todo esse imbróglio e ainda empenhado na implantação da revista *Penthouse* no Brasil, fui procurado pelo então senador do Paraná, José Richa (1934-2003), no início de 1982, para entrar na política. Ele era o candidato do MDB e foi eleito, naquele ano, a governador do Estado, mas apesar da sua insistência não aceitei. Mesmo o país saindo de um longo período do regime militar, não achei que fosse uma boa ocasião deixar de lado os negócios e ingressar na vida pública.

Muito jovem, vivi o governo militar, acompanhei as discussões políticas, formei opiniões e acompanhei de perto toda a movimentação. De tudo isso, o que observei foi a educação sendo deixada de lado por todos os governos. Por isso, quando me procuraram para sair como candidato a deputado federal, confesso que fiquei inclinado a aceitar. Talvez com o ideal de priorizar a educação como meu pai, libanês de nascença, mas brasileiro por opção, que sempre disse que para o Brasil se desenvolver era preciso investir em educação.

O fato é que decidi não seguir carreira política e agora tinha muito trabalho a fazer. Tempos depois, com o fim da revista *Penthouse* e com a concordata da Grafipar, comecei a buscar novos negócios para pagar o que eu devia. A editora Fama não dava retorno suficiente para acertar as dívidas deixadas pela revista. Assim, por incrível que pareça, após o fim da *Penthouse*, o *Correio de Notícias* entraria em cena novamente, mas dessa vez para me ajudar a ultrapassar mais um revés financeiro.

No final de 1983, fui procurado por um empresário na área da construção civil que disse haver um grupo interessado na compra do jornal *Correio de Notícias*. Ele me perguntou se eu estava interessado em vender e qual seria o valor, e eu respondi que sim e pedi uns dias para dar o preço.

Na época eu já não tinha mais o parque gráfico da editora, mas havia ficado com a máquina rotativa e todos os equipamentos necessários para a produção do jornal, que não autorizei serem vendidos. Foi o que salvou na hora do aperto. Procurei a pessoa que havia negociado o equipamento para saber qual era o preço de mercado da rotativa, avaliei o valor da marca, *Correio de Notícias*, e passei o total para o representante do grupo interessado.

Em uma das reuniões, as pessoas ligadas ao comprador, inclusive os seus advogados, tentaram me convencer a baixar o preço e a ficar como editor-chefe do jornal. Vi ali uma oportunidade de pagar minhas dívidas e de voltar a fazer parte de um negócio do qual gostava. Concordei e propus um desconto de 20% do valor inicial de venda em troca de 20% das cotas da nova empresa jornalística. Eu voltaria ao jornalismo e tentaria colocar o jornal no mercado com o mesmo conceito de independência que o havia marcado anos atrás. Além disso, com a venda foi possível me recuperar da concordata da Grafipar e colocar a vida em dia em menos de um ano.

Feito o negócio, o jornal voltou a circular e estava indo muito bem até o dia em que um deputado, um dos sócios do jornal, me convidou para jantar e depois de muita conversa, muito vinho, ele abriu o jogo, dizendo que gostaria que eu continuasse no jornal como editor, mas que deixasse que ele e os outros sócios tomassem as rédeas da parte editorial. Ou seja, eu ficaria apenas como figura decorativa. A verdade era que os compradores queriam um jornal para apoiar o governador da época, mas como precisavam de uma marca com credibilidade no mercado, que não parecesse "chapa branca", expressão muito usada nos meios jornalísticos para denominar o jornalismo pró-governo, que não faz oposição direta e ameniza as críticas, usaram o *Correio de Notícias* para fazer esse papel.

Apesar de deter 20% das cotas e ser a minoria entre os outros sócios, era eu, como editor, o responsável pela linha editorial do jornal e pelo contato com as autoridades, foi assim que consegui manter a credibilidade e a independência da publicação. Acontece que essa postura não interessava ao grupo. Tentei argumentar dizendo que eu respondia juridicamente pelas matérias publicadas e não poderia continuar como editor sem opinar sobre o que seria publicado.

Mas eles eram a maioria e, portanto, eu não tinha muito o que fazer.

Resultado, coloquei à venda os meus 20%, deixando claro que havia contribuído para a reestruturação do jornal e por sua credibilidade junto aos leitores e, se eles realmente quisessem alguém apenas figurativo, que comprassem a minha parte.

Um dos representantes do grupo ainda relutou um pouco com a minha proposta, me disse que eu era muito importante para a empresa e iria conversar com os sócios sobre a minha situação. Quinze dias depois, em setembro de 1984, eu deixava o jornal e a sociedade, com um discurso elogioso, com direito à placa de agradecimento, que não me convenceu muito.

Dias depois fui chamado pelo governador e questionado por que havia saído do jornal. Expliquei a situação, e ele me perguntou qual seria o futuro do *Correio de Notícias*. Respondi:

– Governador, um jornal se faz com muito esforço, dedicação e coerência editorial. Ele é um negócio como outro qualquer e como tal tem de gerar lucro para sobreviver, mas o jornalismo é uma atividade que requer isenção, pois tem responsabilidade perante a sociedade. Sinceramente, acho que o grupo político que detém a direção não vai conseguir tocar o jornal, não são do ramo e vão querer influenciar a linha editorial.

Ele me perguntou se essa era a minha opinião, e eu respondi que sim. Tempos depois fiquei sabendo que o governador só havia apoiado a compra do jornal por ter certeza de que eu ficaria à frente da redação, o que não aconteceu. E não precisava ser um gênio para prever que o jornal não teria futuro atrelado a uma vertente política. Foi o que ocorreu. Após diversas tentativas de se manter no mercado, alguns anos mais tarde acabou fechando as portas para sempre.

Com o fim do jornal e as dívidas controladas, voltei a me dedicar à editora Fama, que naquela época já editando as cruzadinhas e utilizava minhas personagens de *A turma da Melissa*.

A vida na rádio

Foi então que, em um dia quente de verão de 1985, fui procurado pelo secretário de comunicação do governo do Paraná com um convite do governador do estado para assumir a Rádio Educativa e iniciar o processo de criação da TV Educativa do Paraná, uma de suas promessas de campanha. Dessa vez, aceitei e pela primeira vez participaria da vida pública.

Foi uma experiência única que enriqueceu meus conhecimentos de como lidar com a burocracia do estado e com os servidores públicos, um desafio incrível. A rádio era de frequência AM (Amplitude Modulada), que tinha uma potência menor, uma qualidade de som inferior, mas um potencial de alcance maior em termos de ouvintes e só funcionava das 7 horas da manhã até as 10 da noite. Na época eu teria de administrar 140 funcionários.

Ao assumir, pedi que indicassem uma pessoa que conhecesse o funcionamento de uma rádio, já que minha experiência em comunicação sempre foi a mídia impressa. Tive a sorte de trabalhar com um grande profissional do rádio, Lourival Pedrazzani, o Palito. Pedi a ele que fizesse um levantamento completo de como dinamizar a rádio e aproveitar todo o seu potencial como um veículo de comunicação cultural e educativo. Pouco tempo depois, ele me apresentou um plano de negócios para colocar a rádio funcionando 24 horas com 48 funcionários e com orientações para ajustar os equipamentos e assim obter uma melhor qualidade de som e alcance, pois não tínhamos dinheiro para comprar novos. Aprovei as medidas, mas foi preciso afastar os outros 100 funcionários, alocados em outras repartições, porque como servidores de carreira não podiam ser demitidos.

Em pouco tempo, já estávamos no ar com a nova programação da rádio e em seis meses já éramos a sexta emissora em audiência. Concomitantemente à reorganização da rádio, eu desenvolvia o projeto de criação da TV Educativa. A emissora inicialmente seria instalada no mesmo prédio de três andares no centro de Curitiba, onde funcionava a rádio.

Acostumado com a iniciativa privada, tive de me adaptar à burocracia dos órgãos públicos e à nova forma de trabalhar em equipe, com pessoal efetivado, que não podia ser substituído. Confesso que foi um grande aprendizado. Além disso, havia muitos interesses políticos envolvidos nesse negócio. Por exemplo, a rádio era vinculada à secretaria de comunicação do Paraná, e, quando as demais emissoras de rádio procuravam o secretário reivindicando verbas de publicidade, eram enviados para falar comigo.

A razão era simples, o governo não tinha verba suficiente para atender a toda demanda de todos os veículos de comunicação do estado e não queria se indispor com as emissoras para não ser criticado por elas, sobrava para mim ter de acomodar todos os pedidos e fazer o meio de campo entre as emissoras e o governo.

Todos os veículos são obrigados a ter duas horas diárias de jornalismo e isso era complicado para as rádios do interior, pois custava caro manter uma equipe de jornalistas. Foi então que surgiu a ideia de oferecer a toda as rádios do estado uma hora de jornalismo pela manhã e outra à tarde. Dessa forma, foi criada a Rede Estadual de Notícias, reunindo mais de 80 rádios espalhadas pelo Paraná que entravam ao vivo, em rede, nos dois horários com matérias produzidas pelo departamento de jornalismo e com os próprios apresentadores. Assim, as rádios não tinham custos com o noticiário, cumpriam a legislação e ainda podiam comercializar os espaços de intervalo e angariar recursos para as emissoras nas suas respectivas regiões. Foi um sucesso e um alívio para o secretário de comunicação. Um de nossos feitos foi conseguir transmitir pela rede a cobertura da Copa do Mundo de 1986, no México.

Enquanto isso, o projeto da TV Educativa, apesar de pronto, não saía do papel. Eu não consegui a aprovação da secretaria de comunicação e não queria atropelar a hierarquia e falar diretamente com o governador. Depois de alguns meses, e sem esperança de criar a televisão antes de terminar o governo, resolvi deixar a rádio e o projeto da tevê, ainda fiquei na rádio uns dois meses até a chegada do meu substituto.

> Hoje, pensando friamente, eu deveria ter ficado na rádio até o fim do governo. Na política, o *timing* é diferente do mundo empresarial, e a televisão não era prioridade. De qualquer forma, foi um grande aprendizado. Na sua empresa, as decisões têm de ser rápidas. As consequências positivas ou negativas repercutem com a mesma rapidez e diretamente em você. Já na vida pública, as consequências são mais lentas e divididas entre toda a população.

No final das contas, a rádio foi transferida para a secretaria de cultura e a tevê só foi implantada no governo seguinte, e mesmo assim não da forma que havíamos planejado, uma estrutura enxuta e eficiente como deve ser qualquer empreendimento.

CAPÍTULO 10

~~A SOLIDÃO DO ÍDOLO PELÉ~~

Conheci Pelé no fim da década de 1980 e posso afirmar que conviver com um ídolo como ele por mais de três anos foi uma das coisas mais agradáveis da minha vida. Fora dos campos de futebol desde 1977, quando deixou de jogar pelo Cosmos, clube de Nova York, o craque Pelé, Edson Arantes do Nascimento, iniciou uma nova carreira, dessa vez como empresário. Duas pessoas em uma só, o ser humano mortal, o Edson, e o ídolo imortal, o Pelé. "O Edson não tem o direito de fazer isso com o Pelé", costumava dizer o irmão Jair Arantes do Nascimento, o Zoca, quando Pelé errava. Mas afinal todo ser humano erra, não é mesmo?

Para mim, contudo, Edson e Pelé eram a combinação perfeita de simplicidade na vida e genialidade no campo, uma parceria que até hoje faz dessa figura alguém tão especial não só para mim, mas para milhões de pessoas no Brasil e no mundo. Durante um bom tempo, dizia-se que a marca Pelé valia mais do que a Coca-Cola!

Minha convivência com Pelé teve início nos primeiros dias de 1987, para ser mais exato, no dia 14 de janeiro, em uma tarde de verão em São Paulo, quando assinei contrato com uma empresa de turismo que exploraria a marca Pelé nos Estados Unidos e assim traria turistas norte-americanos para conhecer o Brasil. Nessa época, ele já era considerado o atleta do século XX, eleito pelo jornal francês *L'Équipe*, e uma das pessoas mais famosas do mundo. Eu já havia tido algum contato com o ídolo na festa que promovi em Nova York, logo depois de ter lançado a versão brasileira da *Penthouse*, cinco anos atrás. Naquela ocasião, Pelé compareceu como meu convidado ao evento no Club A, que foi um sucesso em parte graças à presença do rei do futebol.

Depois de alguns anos, reencontrei-o, dessa vez com uma proposta de trabalho. Tudo começou quando um conhecido meu me procurou em Curitiba. Ele tinha uma operadora de turismo, com sede em São Paulo, e acabara de fechar contrato com Pelé para promover a empresa no exterior. Como sabia do meu contato anterior com o craque, achou que eu era a pessoa ideal para desenvolver um plano de marketing da operadora para esse projeto. Aceitei na hora. Discutimos as bases do contrato e fomos conversar com um representante do jogador.

Encontramos o professor Júlio Mazzei, amigo e assessor de Pelé na sede da operadora, no centro de São Paulo, em um dia de janeiro. Ele estava acompanhado pela esposa, Maria Helena, carinhosamente chamada de Mami, e de início trocamos apenas amenidades, cada um contando um pouco da sua trajetória de vida.

Professor de educação física, ex-jogador de futebol, Mazzei foi durante muitos anos preparador físico do Santos Futebol Clube. Ali conheceu Pelé, tornando-se um dos seus maiores amigos e mais tarde um dos responsáveis pela ida do craque para jogar nos Estados Unidos. Por uma dessas coincidências da vida, Mazzei era quase meu conterrâneo: viveu por dez anos em Araçatuba, no interior de São Paulo, antes de iniciar sua carreira no esporte. O professor morreu em 2009, aos 78 anos, vítima do mal de Alzheimer.

Naquele dia ensolarado e quente, Mazzei estava tranquilo e feliz. Em uma sala confortável, climatizada e longe do sol escaldante do lado de fora, estávamos bastante à vontade. Nem parecia uma reunião de negócios, mas de amigos de longa data, tamanha era a descontração. Eu estava sentado ao lado de Mazzei e me divertia com seu jeito espontâneo de contar histórias. Com maestria e riqueza de detalhes, ele contou vários "causos" divertidos de Pelé, orgulhoso por fazer parte da vida do amigo e de participar dos seus projetos. A conversa inicial serviu para quebrar o gelo do encontro e, sem perceber, o tempo foi passando. Entre sanduíches, refrigerantes e cafezinho, o dia praticamente voou e a reunião que começou às 10 da manhã só foi terminar às 10 da noite.

No final dessa maratona, enquanto o professor Mazzei e Mami foram descansar, eu e a pessoa que havia me contratado fomos jantar para tentar alinhar o que havíamos discutido ao longo das doze horas de reunião.

Eu estava exausto, com muitas informações na cabeça. Foi durante esse jantar que percebi que falamos de tudo, mas não definimos exatamente qual seria o papel de Pelé no projeto. Perguntei o que Pelé faria para promover a marca da operadora no exterior, afinal, a ideia era contratá-lo por três anos, por um valor mensal bastante expressivo e em dólares, independentemente dos resultados que por ventura poderiam render para a operadora. Depois de uma pequena pausa, veio a resposta.

– Não sei!

Surpreso, não me contive.

– Como não sabe? Você contratou o Pelé pagando uma pequena fortuna em dólares e não sabe o que fazer com ele?

– Por isso contratei você para ver o que podemos fazer – explicou o empresário. – Confio no seu taco – afirmou.

Desafio lançado, desafio aceito. Terminamos o jantar e eu voltei para o hotel onde estava hospedado. Mas quem disse que consegui dormir?

Já era tarde da noite. Da janela do quarto, eu via a cidade iluminada. São Paulo fervia, como sempre, e eu fervia por dentro de ansiedade. Comecei a relembrar tudo o que conversamos naquelas doze horas. Tentei dormir e entre um cochilo e outro, lá pelas 5 horas da manhã, de repente senti que tinha encontrado a solução.

Durante a reunião, entre as muitas histórias, o professor Mazzei havia dito que, ao parar de jogar futebol, Pelé continuou contratado da Warner Communications, a dona do New York Cosmos, para ser consultor e relações públicas do time. A pedido do craque, o professor também continuou por lá em terras nova-iorquinas como preparador físico e dando aulas na escola de futebol para crianças e adolescentes mantida pelo Cosmos.

Pelé, por sua vez, manteve seu trabalho de incentivar e formar novos jogadores em um país que tinha pouca tradição no futebol. A influência do jogador brasileiro no esporte foi imensa e fundamental para a popularização do futebol e até mesmo para a escolha dos Estados Unidos como sede da Copa do Mundo da Fifa, em 1994.

Quando o contrato com o professor Mazzei não foi renovado, ele precisou criar uma forma de ganhar dinheiro e continuar nos Estados Unidos. Foi assim que nasceu o projeto de levar grupos de alunos do ensino médio, que participavam da escola de futebol do Cosmos, para jogar em times de primeira linha do futebol brasileiro em Santos e no Rio de Janeiro. A ideia era simples, o grupo teria a experiência de jogar no país do futebol e também fazer turismo no Brasil.

Ao longo da conversa, o professor Mazzei nos mostrou um anúncio em um jornal norte-americano especializado em futebol sobre o Dallas Cup, um torneio anual de futebol realizado nas férias norte-americanas em Dallas, no Texas. O torneio reunia meninos e meninas entre 7 e 17 anos de mais de 400 times vindos de todas as partes dos Estados Unidos por duas semanas para disputar prêmios em suas categorias. Era uma espécie de minicampeonato nacional de futebol amador.

Essa história toda foi contada por Mazzei e de alguma forma ficou na minha cabeça. De repente, eu liguei todas essas informações. O projeto era simples, usaríamos a marca Pelé e o prestígio que o professor Mazzei tinha na escola de futebol do Cosmos, juntaríamos isso ao desejo da operadora de turismo que havia contratado Pelé e a mim, e criaríamos um pacote turístico para os meninos e as meninas norte-americanos jogarem bola e passear no Brasil.

Deu para entender? Eu conectei a marca Pelé e um projeto que o craque já desenvolvia com Mazzei no Cosmos com uma operadora de turismo que queria vender pacotes de turismo usando o nome do craque.

Surgiu então o Pelé Tournement.

~~Projeto digno de craque~~

Ainda empolgado, no dia seguinte apresentei a ideia para os principais interessados, o dono da operadora e o professor Mazzei, que aceitaram na hora tocar o projeto em frente. Pedi então para o publicitário Percy Vassão criar a marca do torneio, bem como a sua apresentação.

Foi tudo muito rápido. Em uma tarde chuvosa e quente de janeiro, dois dias depois da primeira reunião, pegamos o carro e descemos a serra, em direção ao Guarujá, no litoral paulista, onde Pelé tem uma bela casa. A viagem foi tensa, eu havia me preparado para vender o meu peixe, mas não fazia ideia de como Pelé iria reagir. Chegamos cedo e fomos muito bem recebidos pelo craque. Em uma belíssima varanda de frente para o mar na praia da Enseada, apresentei a ideia e expliquei detalhadamente o que seria o Pelé Tournement.

Para minha surpresa, Pelé não só gostou como aprovou de imediato, dando o seu aval para pôr em prática nosso projeto. Durante o almoço, acertamos os detalhes, as datas de preparação do material para divulgação e o lançamento em Nova York. Queria iniciar logo mais esse desafio da minha carreira.

O prazo para organizar o primeiro Pelé Tournement ainda naquele ano era desafiador. Assim, poucos dias depois do nosso encontro com o craque, já estávamos filmando um vídeo institucional em inglês para divulgar o projeto em uma requintada cobertura do prédio ao lado do Copacabana Palace, no Rio de Janeiro. O luxuoso apartamento pertencia ao empresário e amigo de Pelé, Alfredo Saad, que mantinha um quarto especial para hospedá-lo. O detalhe curioso é que no quarto havia uma tenda árabe, criada especialmente para o jogador.

Além do vídeo, desenvolvemos todo o material de apoio para a venda do torneio. Era hora de pensar em uma estratégia forte para lançar o primeiro Pelé Tournement. Quarenta dias depois da primeira reunião em São Paulo, convocamos uma coletiva de imprensa em um local que é um verdadeiro ícone de Nova York, o salão do Hotel Waldorf-Astoria, na elegante Park Avenue.

Boa parte da mídia esportiva compareceu naquele dia, 19 de fevereiro de 1987, para ouvir Pelé e conhecer o novo programa que teria início durante as férias de julho. Foi um sucesso na opinião dos envolvidos no mundo futebolístico.

No primeiro torneio, todos os pacotes previstos foram vendidos. Foram 11 times, reunindo em torno de 120 jovens, mais alguns convidados, técnicos e jornalistas de veículos especializados em *soccer*, como o futebol é conhecido entre os norte-americanos. Nessa primeira edição do programa, o grupo de jovens ficou duas semanas no Brasil. Primeiro, eles participaram de jogos de futebol com times da capital paulista, seguiram para o litoral santista para enfrentar o time do coração de Pelé, o Santos, e visitar o minimuseu na casa do rei. Em seguida, o grupo foi para o Rio de Janeiro jogar no campo do Vasco da Gama. Depois disso, todos voltaram para os Estados Unidos com o troféu do torneio.

O sucesso e a repercussão do programa conquistaram a confiança de Pelé, do professor Mazzei e de todos os envolvidos no projeto e nos animaram a expandir o negócio para outros países, tornando o Pelé Tournament mundialmente conhecido.

Realmente, a primeira edição do torneio deu muito certo, mas não foi o que aconteceu nas edições seguintes.

Eu estava encarregado da criação, comunicação e marketing do projeto e não tinha responsabilidade pelas vendas. Originalmente, o projeto era realizar um torneio por ano, como o de Dallas, mas o dono da operadora de turismo sem eu saber transformou o projeto inicial em um pacote turístico comum, como as viagens para a Disney, saindo uma vez por semana dos Estados Unidos. Fez isso sem um estudo ou plano de negócios e sem conhecer o mercado norte-americano. Lá, eles são muito organizados e não decidem de uma hora para outra gastar milhares de dólares com os filhos em uma viagem. Em geral, há um planejamento, e os filhos têm de contribuir de alguma forma, nem que seja vendendo limonada na rua. É verdade que nós lançamos o projeto em fevereiro para realizar o torneio em julho. Foi pouco tempo? Foi, mas como era o primeiro, achamos que seria interessante para deslanchar e tornar o projeto conhecido, o que aconteceu. Então, o correto seria capitalizar em cima do primeiro torneio, como planejado, e trabalhar para aumentar o número de participantes em julho do próximo ano.

A pressa em vender e querer recuperar rapidamente o dinheiro investido acabou queimando uma grande ideia. Não souberam esperar a maturação do torneio, e, após um ano, o programa acabou fracassando.

Durante todo esse tempo de preparação e lançamento do Pelé Tournemant, Pelé e eu mantivemos contato frequente. Conversando com ele, eu percebi que ele gostaria de realizar muitas coisas, mas não sabia como. Ele tinha receio de entrar em "barca furada", pois, desde o início da sua carreira, passou por experiências empresarias desastrosas.

Hoje um atleta famoso tem condições de se cercar de uma boa estrutura para gerenciar a sua carreira, o que não acontecia naquele tempo. Pelé contava, na época, com diversos representantes de sua marca espalhados pelo mundo, divulgando seu nome e seus empreendimentos sem que tivesse alguém que coordenasse todos os seus negócios. Ele precisava decidir tudo sozinho e nem sempre conseguia tomar decisões acertadas. Assim, surgiu a ideia de criar uma empresa especializada em atendê-lo e servir de ponte entre ele e seus representantes.

Apesar do projeto Pelé Tournemant não ter tido continuidade, o contrato com a operadora de turismo estava vigente. Assim, em janeiro de 1989, o proprietário da operadora de turismo e eu, com o aval do jogador, criamos a Starhouse para cuidar da marca Pelé. Seria o pontapé inicial para a empresa cuidar da marca Pelé e para nos tornamos representantes de outras marcas. Em um primeiro momento, Pelé autorizou a empresa a trabalhar apenas no Brasil, mas pretendíamos ampliar os negócios para outros países, com base nos resultados obtidos.

Imediatamente, começamos a trabalhar a marca Pelé. A nossa primeira missão seria viabilizar um antigo desejo do craque, a criação da Fundação Pelé e de um centro esportivo de excelência para atletas de diferentes modalidades. Para isso, precisávamos de um terreno. O nome Pelé, a sua marca, era, e ainda é, tão forte que apenas com uma carta de intenções assinada por ele, revelando o projeto da fundação, conseguimos a cessão de um terreno de 145 mil metros quadrados, perto do Aeroporto Internacional de São Paulo, em Cumbica, da prefeitura de Guarulhos, na Grande São Paulo.

A notícia espalhou-se rapidamente, e dos Estados Unidos veio a proposta da Thomas Jefferson University, da Filadélfia, que se prontificou a doar US$ 5 milhões para iniciar a construção do centro esportivo, além de todo o equipamento, e implementar um centro de diagnóstico e reabilitação física para os atletas, que era uma de suas especialidades.

O projeto arquitetônico ficou pronto, o estatuto da fundação ficou pronto, só que os contratos não foram assinados pelo Pelé. Resultado, nada saiu do papel. Uma série de problemas influenciou o recuo de Pelé; entre eles, a falta de confiança no nosso sócio.

Tempos depois, por desavenças com esse mesmo sócio, eu deixei a sociedade na Starhouse. Muita coisa aconteceu para chegar a essa situação. A vaidade e a busca por resultado financeiro a qualquer custo fizeram que projetos importantes com a marca Pelé se tornassem inviáveis, como a própria criação da fundação, um dos sonhos do rei do futebol. Quando a vaidade fala mais alto, o fracasso é certo. Sucesso = inteligência - vaidade. Existem muitas pessoas que se enquadram nessa equação.

Apesar de tudo, foi muito bom poder realizar esse trabalho com o Pelé, que continua meu amigo até hoje, por isso gostaria de contar duas passagens memoráveis com ele.

Em março de 1988, Pelé foi convidado a fazer a abertura do Dallas Cup, uma ação importante para a divulgação do Pelé Tournemant, lançado no ano anterior. Chegamos em uma sexta-feira pela manhã em Dallas, uma cidade moderna, mas muito conservadora, e seguimos à tarde para uma coletiva de imprensa. A programação previa a abertura do torneio norte-americano no sábado pela manhã; à tarde, visita aos diversos campos de futebol nos quais eram realizados os jogos; e, à noite, jantar com os organizadores do evento. No domingo à tarde, Pelé, os assessores e eu seguiríamos no último voo para Nova York. O problema é que o professor Mazzei, fiel escudeiro de Pelé, havia confirmado a presença do rei em um jantar naquela noite de domingo para 80 grandes empresários do Texas. Ele só esqueceu um pequeno detalhe: comunicar isso ao Pelé. No dia da abertura do torneio, quando soube que o jogador embarcaria no domingo à tarde, Mazzei entrou em desespero e foi falar com Pelé. Ele estava muito nervoso, não queria dar esse vexame diante dos convidados do jantar. Pelé foi irredutível, precisava pegar o último voo para Nova York, tinha compromissos na segunda-feira pela manhã na cidade e não tinha como desmarcá-los.

O professor Mazzei não teve dúvida, acionou meio mundo até que uma boa e rica alma colocou à disposição de Pelé um jato particular para o seu deslocamento para Nova York. Finalmente, conseguiu garantir a presença de Pelé no jantar. E foi um sucesso. Empresários de diversas áreas, todos eles figuras importantes de Dallas, cercaram Pelé de gentilezas e ouviram com atenção um pouco da sua experiência como esportista e influenciador. Jantamos às 19 horas, Pelé ainda participou de uma sessão de fotos e autógrafos e às 21 horas já estávamos a bordo de um jato Falcon com 12 lugares partindo direto para Nova York.

Uma outra passagem interessante ocorreu em Paris. Estávamos em um hotel, prontos para jantar em um restaurante. Sempre cordial, Pelé atendia pacientemente fãs por onde passava em busca de fotos e autógrafos. Eram pessoas de todos os lugares do mundo que se aproximavam de Pelé para tentar trocar duas palavras com o ídolo. Mal conseguíamos andar na recepção do hotel.

O tempo estava passando e na Europa os restaurantes fecham cedo. Quando saímos, já era tarde da noite, mas mesmo assim arriscamos ir a um restaurante famoso pela cozinha árabe, a predileta do rei. O local ficava em frente ao hotel George V e como eu previra estava fechando. Pelé então me pediu.

– Faruk, você é patrício, então vai na frente e convence o dono a nos atender.

Desci rapidamente da limusine que nos levava e procurei o gerente. Ele na mesma hora disse que não tinha jeito, que estavam fechando e que os funcionários já estavam deixando o restaurante. Foi quando eu disse as palavras mágicas.

– Mas é o Pelé que está aí fora e gostaria de jantar aqui.

Nesse momento, Pelé já havia se aproximado. Inesperadamente, quando o gerente o viu, saiu correndo em direção à cozinha. Não entendemos nada, apenas achamos bem estranho.

Alguns minutos depois, o gerente chega ao nosso lado pedindo desculpas e explicando que saiu correndo para segurar o *chef* e a sua equipe na cozinha. Rapidamente arrumou uma grande mesa para nos atender. De repente, o gerente parou, virou-se para nós e disse que para nos atender havia apenas uma condição. Pelé olhou surpreso para ele, aguardando a tal condição. Com um sorriso, ele esclareceu: que após o jantar Pelé tirasse fotos com ele e todos os funcionários! Saímos do restaurante no início da madrugada, satisfeitos pela refeição e com os garçons felizes da vida.

Ao longo de todos os anos de convívio com Pelé, não tive retorno financeiro, mas ganhei um amigo e pude participar e observar como é a vida de um ídolo. Compreendi por que ele faz questão de separar o ídolo Pelé do ser humano Edson. Também pude comprovar a solidão do ídolo.

Apesar de ter tudo, do bom e do melhor, a sua disposição, os melhores hotéis, viagens de primeira classe, jatos executivos, Pelé não tem privacidade, não pode ir ao cinema, passear no *shopping* sem ser reconhecido. Tudo tem de ser programado. Além disso, não pode fazer nada de errado para não prejudicar a imagem. No fundo, é um solitário cercado por pessoas que muitas vezes decidem por ele, sem consultá-lo. Se para os simples mortais ter amigos verdadeiros já é difícil, imagine para um ídolo. Lidar com a fama não é uma tarefa fácil, por isso admiro o Pelé.

CAPÍTULO 11
~~A LIÇÃO DE CASA MALFEITA~~

Em junho de 1989, eu saí da sociedade da Starhouse sem um tostão no bolso por problemas com meu sócio. Na verdade, o problema foi meu. Tem um ditado árabe que diz: "Quando um amigo trai sua confiança, na primeira vez a culpa é dele, na segunda vez a culpa é sua". Aprendi que as coisas ruins que acontecem na vida da gente têm de ser apagadas rapidamente, pois devemos apenas guardar as boas lições. Foram três anos de muito trabalho. Havia alguns anos que eu me mudara para São Paulo, principalmente por causa dos futuros negócios com o Pelé. Ao mesmo tempo, eu mantinha a minha casa em Curitiba, pois meus filhos adolescentes não queriam deixar a cidade.

A parceria com o Pelé me absorveu tanto tempo e dedicação que deixei de cuidar como devia dos meus outros negócios. Já havia fechado, em 1984, a Grafipar, uma vez que seus produtos editoriais não faziam mais sentido, e continuei tocando a Editora Fama, com as minhas personagens. A editora não dava prejuízo, contudo, a situação não era boa, muito por falta da minha atenção do que por problemas mercadológicos. Esse é um problema que sempre tive quando me entusiasmo com algum novo negócio, mergulho a fundo com dedicação total sem perceber o que está acontecendo ao redor.

Eu acreditei integralmente no projeto da Starhouse, pois tinha certeza de que daria certo. Tinha feito amizade com o Pelé e nosso relacionamento sempre foi muito bom. Conversávamos muito, ele frequentava a minha casa em São Paulo, tinha um carinho especial pela minha família. Fez questão de participar da festa dos 40 anos de Silnara naquele ano e, em outubro do ano anterior, me ofereceu um jantar em Nova York pelo meu aniversário.

Para encurtar a história, eu não tinha outra fonte de renda a não ser a Starhouse, e ao sair não recebi o que me era devido, por razões que não valem a pena comentar. Mais uma vez, o meu descontrole financeiro me prejudicou. Resolvi então voltar para Curitiba, para minha casa e de onde, sem recursos, seria mais fácil recomeçar, assim desativei meu apartamento em São Paulo.

Certamente, naquela época, fazia toda a diferença estar em São Paulo, pois era, e continua sendo, um ponto de referência para os negócios. Quando se diz que você precisa estar com o produto certo, na hora certa e no lugar certo, com certeza naquele momento o lugar era São Paulo e sair de lá não foi uma boa solução, no entanto, não me restava outra alternativa. Não me arrependo, pois as decisões são tomadas com as informações e os recursos que você tem na época, mas talvez hoje fizesse tudo diferente, o que é impossível saber.

Curitiba é uma cidade belíssima com uma qualidade de vida superior a muitas outras cidades e, no final dos anos 1980, estava começando a ser reconhecida por suas arrojadas modificações urbanas, projetos implementados pelo então prefeito Jaime Lerner. Foi nesse período que tive o apoio de um velho amigo dos tempos do curso em Los Angeles, Luiz Cezar Fernandes, que, nos anos 1990, era uma personalidade em evidência no mundo empresarial e financeiro. Fora um dos fundadores do Banco Garantia e naquele momento estava à frente do Banco Pactual como presidente, exercendo grande influência entre empresários e banqueiros. De lá para os dias atuais, muita coisa mudou. Fernandes saiu do Pactual e partiu para novos negócios. Atualmente, continua na área de fusões e aquisições de empresas.

Por muitos anos, manteve-se como criador de ovelhas em sua fazenda de 100 alqueires em Corrêas, na região de Petrópolis, no Rio de Janeiro. A Fazenda Marambaia é uma espetacular propriedade em meio ao ambiente natural da Serra dos Órgãos, rodeada por um belíssimo jardim desenhado pelo paisagista Burle Marx (1909-1994). Foi Fernandes quem me estendeu a mão ao convidar a mim e a Silnara para passar um fim de semana em sua fazenda. Realmente, foi uma ótima ideia ir para lá e tentar dar um tempo na pressão do dia a dia, especialmente em um momento delicado de minha vida empresarial.

Conversamos longamente na varanda do velho casarão, construído nos anos 1950 e totalmente restaurado por Fernandes. Era uma agradável noite de sábado, uma vista maravilhosa e uma brisa refrescante nos embalavam enquanto trocávamos experiências. Eu expondo meus problemas, e ele contando sua trajetória até ali.

– Faruk, há muitos anos conheço você e sua capacidade criativa e arrojo para enfrentar as oportunidades. Você já fez tantas coisas na vida, já se perguntou o porquê de dar tão errado? – questionou meu amigo.

– Na verdade, procuro olhar onde errei, mas nunca me aprofundei nessa questão – respondi meio ressabiado.

– Você já fez alguma vez a "lição de casa"? – voltou a me questionar.

– Não, e nem sei bem o que você quer dizer com isso.

E não sabia mesmo, o que seria uma "lição de casa"? Nas minhas idas e vindas empresarias, jamais ouvi alguém falar disso. Era novo para mim.

– Eu vou te ensinar – prosseguiu ele. – A tendência é de as pessoas que vivem no mundo empresarial prestar atenção mais no comportamento dos outros do que em si mesmo. Aí reside o problema. Antes de iniciar qualquer negócio, é preciso conhecer os próprios pontos fortes e fracos. Coloque no papel: Quem sou eu? Onde quero chegar? Como chegar lá? Crie cinquenta perguntas sobre cada uma dessas questões e depois responda a todas com muita sinceridade. Você vai, com certeza, encontrar o seu caminho.

Foi um fim de semana fantástico. Na estrada, ao voltar para casa, Silnara perguntou como tinha sido a conversa com ele, o que respondi ter sido ótima. Então ela me perguntou se ele havia me emprestado dinheiro, e eu disse:

– Não, eu não vim para isso. Eu vim para trocar ideias, e ele me sugeriu algumas orientações que vou tentar seguir.

Ao retornar a Curitiba, elaborei as cinquenta perguntas para cada uma das questões. Comecei a fazer minha lição de casa e cheguei à conclusão de que deveria empreender e tentar seguir outro caminho: o dos cosméticos. O setor estava crescendo muito, como ocorre até hoje, e um exemplo era O Boticário, do empresário curitibano Miguel Krigsner, que começou como uma farmácia de manipulação no centro de Curitiba, em 1977, e anos depois se tornaria uma das maiores redes de perfumaria e cosmético do Brasil.

Eu já havia tido algum contato com esse mercado durante o período em que negociava uma linha esportiva com a Avon, que levaria a marca Pelé. Com o fim da parceria, a ideia não foi para frente, mas agora, depois da "lição de casa", decidi deixar de lado a minha área de produtos editoriais e marketing e me aventurar em uma nova atividade.

Fundei a Massari Cosméticos Ltda. em janeiro de 1990 achando que finalmente ia ficar rico, pois Massari em árabe significa dinheiro. Por ter uma boa noção de varejo, por causa do período em que passei cuidando do Café Alvorada, do meu sogro, achei que não teria muitas dificuldades de introduzir meus produtos nesse segmento.

Sem capital, recorri novamente a empréstimos bancários e contei com o crédito dos fornecedores para iniciar o projeto. Começar qualquer negócio sem o mínimo de capital necessário não é uma boa ideia, pois há muita chance de não dar certo. Mesmo assim, resolvi tentar mais uma vez.

Para estruturar a empresa, contei com a assessoria de uma engenheira química. Meu primo, Luiz Helio Munari, que era formado em administração, assim como eu, mas que havia se especializado em Tecnologia da Informação (TI), anos depois me apresentou um roteiro para elaborar qualquer projeto, e que se eu seguisse poderia ter outro rumo. Era preciso ter visão, habilidade, incentivo, recurso e plano de ação. Com esses ingredientes, certamente atingiria o sucesso na minha empreitada. Porém, se faltasse um deles, o resultado mais óbvio seria a frustração.

Cheguei à conclusão de que poderia terceirizar a produção e ficar apenas focado na comercialização. Infelizmente, naquele tempo não havia o hábito de adotar essa prática, poucos recorriam à terceirização, ou seja, transferir para um parceiro uma parte do processo da sua empresa. Hoje isso é comum, uma realidade, e algumas vezes um sucesso em muitas atividades.

Mas fui em frente. Primeiro, contratei uma engenheira química que foi muito bem indicada por prestar serviços a diversas empresas de cosméticos. Ela mantinha em sua casa um laboratório e ali desenvolveria o meu primeiro produto: um xampu infantil.

Com a fórmula pronta, contratei uma empresa que já produzia cosméticos, em São José dos Pinhais, na região metropolitana de Curitiba, para fazer e estocar os primeiros 20 mil frascos, de 200 ml cada, do xampu Melissa, assim não precisaria alugar um depósito, pois a Massari já funcionava em uma pequena sala comercial, com uma funcionária para cuidar da parte burocrática enquanto eu cuidava da venda e da coordenação da produção.

Foi então que surgiu o primeiro imprevisto, o dono da empresa terceirizada me chamou e disse que estava fechando a indústria de cosméticos e só poderia fornecer o primeiro pedido. Até aí tudo bem, pois daria tempo para achar um novo fornecedor. Mas então surgiu o segundo problema. Ele disse que tinha condição de entregar apenas o frasco contendo o xampu, mas sem os rótulos e sem acondicionar nas caixas para a distribuição.

Claro que em qualquer empreendimento, por mais bem planejado que seja, há sempre imprevistos e você tem de estar preparado para resolvê-los. Eu tinha dois problemas, fazer o acabamento e onde estocar o produto.

Foi quando a Vera Marques, minha única funcionária, teve a ideia: contar com a ajuda das meninas que viviam em uma entidade filantrópica denominada Lar das Meninas, administrada por freiras, para fazer o acabamento dos frascos do xampu e estocá-los enquanto eu vendia. Nesse meio tempo, procurei um barracão para instalar a indústria. Não era bem isso que eu havia previsto ou planejado, pois achei que não precisaria alugar um espaço para estocar nem que a empresa terceirizada daria para trás. Mas eu já estava com tudo encaminhado, não iria desistir.

Depois de lançar a linha de xampu infantil com a marca de uma das minhas personagens, Melissa (que é o nome de minha filha caçula), a proposta era distribuir em supermercados, pequenos varejos e lojas de departamentos. Tudo começou muito bem, o produto tinha qualidade e a grande "sacada" foi utilizar em sua fórmula a melissa, uma planta medicinal com propriedades calmantes, aliando o nome da minha personagem a um produto natural. Além disso, conseguimos fazer um produto com preço inferior aos líderes de mercado.

Lancei o xampu e logo em seguida veio o Plano Collor e confiscou nosso dinheiro. Quem passou por aquela época sabe o horror que foi aquilo. Fernando Collor de Mello foi eleito presidente da República em 1989, na primeira eleição direta para o cargo depois dos anos de regime militar e do governo anterior, eleito ainda por um colégio eleitoral. Collor assumiu o cargo em março do ano seguinte, adotando medidas econômicas impopulares, como o bloqueio de contas bancárias de pessoas físicas e jurídicas, idealizadas pela então ministra da Economia, Zélia Cardoso de Mello. As medidas passaram para a história como o maior confisco, pegou muita gente de surpresa e prejudicou vários empreendimentos, como a minha pequena empresa de cosméticos.

Mas, mesmo com toda essa situação, no final daquele ano eu já havia ampliado a linha de produtos e criado além do xampu, um sabonete e uma colônia infantil com a marca Melissa. Também criei uma linha de xampu para adultos, chamado Signos, ou seja, fiz um tipo de xampu para cada signo do zodíaco e com características, cor, plantas e perfume de cada um. A inspiração veio da minha experiência editorial de criar sempre um conceito para cada produto. E foi assim que sobrevivemos aos planos econômicos daquele período.

Em novembro de 1993, meu amigo Roberto Muylaert veio a Curitiba para participar de um debate na TV e uma palestra na Universidade Federal do Paraná para os alunos de comunicação. Nos conhecemos também durante o curso, que havia sido criado por ele, em Los Angeles, e naquele momento ele ocupava o cargo de presidente da Fundação Padre Anchieta, responsável pela TV Cultura de São Paulo. Em nome da velha amizade, fui reencontrá-lo durante a palestra na Universidade. Combinamos que iríamos juntos à RIC, emissora de TV, onde ele tinha um compromisso com o Leonardo Petrelli Neto, dono da emissora, e que depois eu o levaria ao aeroporto. No caminho para pegar seu voo de volta a São Paulo, conversamos um pouquinho e ele quis saber se eu estava bem.

– Estou te achando meio para baixo – me disse.

– Pois é, eu não estou muito legal – respondi.

Acho que ele percebeu isso, pois fui buscá-lo com um carro antigo e velho que eu brincava que era para evitar sequestro. Ele notou que as coisas não iam bem.

– O que você está fazendo agora – perguntou.

Eu respondi que estava com uma empresa de cosmético.

– Você está gostando do que está fazendo? – questionou.

Respondi que não estava gostando muito, pois não era a minha área.

– Você pelo menos está ganhando dinheiro? – insistiu Muylaert.

Eu respondi meio sem jeito que não.

– Caramba! Se você não está fazendo o que gosta nem está ganhando dinheiro, é melhor voltar para aquilo que sempre fez. Criatividade e sensibilidade você tem de sobra. Não são todos que têm a sua experiência, e isso não se aprende na escola – concluiu ele.

O que o velho amigo me falou ficou martelando na minha cabeça. Depois de deixá-lo, passei os 23 quilômetros, que separam Curitiba de São José dos Pinhais, onde fica o aeroporto, pensando no que ele disse.

Decidi revisar a minha "lição de casa" com mais cuidado e observei que não tinha sido honesto comigo mesmo. O setor de cosméticos, ou melhor, qualquer coisa na área industrial, não era a minha praia. Concluí que me senti influenciado pelo sucesso de outras empresas como a Avon e por estar próximo da história de O Boticário, mas não era isso que eu realmente gostava de fazer.

Após essa decisão, precisava resolver o que fazer com a empresa. Se você já está consolidado no ramo e conhece o mercado, é mais fácil negociar a venda, mas, se o seu empreendimento é pequeno, tudo fica mais difícil. Comecei sem capital de giro, e o custo financeiro comia todo o lucro. Na hora de vender precisei desenvolver a estratégia de fatiar a empresa. Ou seja, vender por partes e não a empresa como um todo. Foi o que fiz.

Como o barracão, onde estava instalada a indústria, não estava totalmente pago, negociei sua devolução para a Associação das empresas da Cidade Industrial de Curitiba (AECIC), empresa municipal criada para incentivar novas indústrias; vendi o equipamento para um outra empresa de cosméticos; e a operação do xampu Melissa entreguei para uma indústria de produtos de limpeza que queria entrar nessa área e que me pagaria *royalties* sobre as vendas. Isso também durou pouco. A Grandene, que já havia registrado a famosa marca de sapato com o nome de Melissa, registrou o nome também na área de cosméticos, e a empresa que comprou a minha linha de xampus não quis entrar em uma briga e parou de fabricar o produto.

Eu imagino que muitos leitores agora devem estar se perguntando como eu resisti a tantos infortúnios. Eu acho que a vida do pequeno empresário empreendedor é assim mesmo. Nos países desenvolvidos existem facilidades para incentivar o empreendedorismo. Nos Estados Unidos há um departamento de estado só para incentivar e atender o pequeno empreendedor, facilitando a abertura da sua empresa em apenas algumas horas. No Brasil, leva-se de 90 a 180 dias para abrir uma empresa, independentemente do tamanho, e o incentivo é só para as grandes empresas, com linhas de crédito com juros subsidiados. Por isso, se alguém pretende empreender, é importante que tenha garra e saiba que é preciso trabalhar muito. Oportunidades sempre surgem.

Em 1992 fiz um curso de neurolinguística com o Dr. Lair Ribeiro, um dos pioneiros sobre esse tema. Nele, tive contato com um livro que se tornou muito importante para mim *A lei do triunfo*, de Napoleon Hill. Durante vinte anos, Napoleon Hill, um sociólogo norte-americano, pesquisou e estudou 16 mil pessoas para descobrir o que elas tinham em comum. A pesquisa transformou-se em um curso e depois em livro, no qual Hill apontou quinze leis e uma regra de ouro que todas as pessoas deveriam seguir para alcançar o sucesso.

Eu acredito que uma dessas leis tenha relação com a "lição de casa". Hill, em certo ano, entrevistou todos os alunos que estavam iniciando seus cursos na Universidade de Harvard, fez o mesmo tempos depois, quando já haviam terminado o curso e depois de algum tempo, já no mercado de trabalho. Entre outras constatações, uma ficou evidente para ele: todos aqueles alunos, que ao iniciarem seus cursos escreveram em algum lugar seus objetivos futuros, haviam se tornado pessoas bem-sucedidas.

> O objetivo principal na vida deve ser escolhido com um grande cuidado e, depois de escolhido, deverá ser escrito e colocado num lugar onde se possa vê-lo pelo menos uma vez por dia. Isso tem por efeito psicológico impressionar o subconsciente da pessoa de tal maneira que ela aceita esse propósito como um lema, um projeto, uma "planta" que finalmente dominará as suas atividades na vida e a guiará, passo a passo, para a consecução desse objetivo. (HILL, Napoleon, *A lei do triunfo*. Rio de Janeiro: José Olympio, 2015)

Talvez não seja o caso de tomar essa lei a ferro e a fogo. É preciso revisar com frequência o que escreveu, pois as coisas mudam ao longo da vida. Fazer a "lição de casa" é importante, mas é preciso estar atento e aberto para rever seus objetivos.

Você, meu amigo leitor, me permita chamá-lo de amigo, pois tudo o que escrevi até aqui foi abrindo meu coração e tentando passar minhas experiências para que você possa refletir e tirar suas conclusões.

E o que deu errado? Fiz uma lição de casa tendenciosa, ou seja, não fui honesto comigo mesmo quando achei que o ramo de cosméticos seria o caminho. Não que esse mercado não seja promissor, pelo contrário, ainda é o que mais cresce no Brasil.

Enquanto fazia a lição de casa, eu havia iniciado as conversas com a Avon, como já relatei, e, sem recursos, precisando rapidamente fazer alguma coisa, acabei me decidindo a enveredar por essa área. Poderia ter sido uma boa opção se eu conseguisse me manter no mercado de cosméticos, mas havia a questão de sobrevivência financeira e precisei recomeçar outra atividade sem ter colhido o que havia plantado. O interessante é que sempre deixei uma boa imagem em tudo que fiz, tanto dos produtos que criei como dos serviços que executei. E sempre ampliei meu *networking*, nunca fechando nenhuma porta. Um velho amigo sempre dizia que para você se dar bem tem de ter *know how* e *know who* e completava: o mais importante é o *know who*. Conhecer as pessoas certas é fundamental, pois elas podem indicar o caminho certo que você deve seguir.

CAPÍTULO 12

~~OTHERS PEOPLE'S MONEY~~

Depois de refazer minha "lição de casa", comecei a pensar no meu futuro. Enquanto tentava vender as partes da Massari Cosméticos, ou seja, o maquinário, as instalações e a marca que fui conseguindo com o tempo, refletia sobre o que meu amigo Roberto Muylaert havia me falado a respeito de voltar para a área de comunicação. Foi então que decidi redesenhar a minha vida profissional.

No final do primeiro semestre de 1994, já havia conseguido me desfazer dos cosméticos e reativado a Editora Fama que ficou praticamente abandonada por alguns anos. Para isso, alterei seu nome para Fama Comunicações Marketing e Participações, ampliando sua área de atuação. Com isso, ela deixou de ser apenas uma editora de livros, jornais e revistas, e passou a trabalhar também com projetos de comunicação e marketing que pudessem aparecer.

O primeiro produto dessa nova fase foi a criação de uma publicação que chamei de *O mundo perfeito de Melissa*, uma revista de histórias em quadrinhos infantil com as minhas personagens, em que o leitor escolhia o final. Mais uma vez estava investindo meu próprio capital, e eu sabia que não tinha o suficiente para aguentar o tempo de maturação do produto. As perspectivas não eram favoráveis, apesar de eu ter uma boa ideia. Resultado meio previsto: não consegui implementá-la até o final. Mais uma frustração.

Um belo dia, conversando com um velho amigo, contei as minhas diversas atividades e desabafei, relatando que elas sempre começavam bem, mas sempre tinham um final desastroso. Disse a ele que a minha maior dificuldade era conseguir me organizar financeiramente. Foi quando ele me aconselhou:

– Já que você tem dificuldade de lidar com dinheiro, por que não pensar em usar o método OPM – disse esse meu amigo.

– OPM, o que é isto? – respondi curioso.

– *Others people's money*. Com o dinheiro dos outros. Use sua criatividade e venda para quem tem dinheiro – esclareceu.

– Eureca!!!

> Um ponto importante para o qual chamo a atenção é com quem você comenta certas situações da sua vida. É preciso saber com quem você pode se abrir, acredite, tem mais pessoas querendo ver sua desgraça do que seu sucesso. Por isso, pense bem com quem conversar determinados assuntos, eu o fiz com um amigo de minha total confiança. Comemore publicamente. Chore sozinho.

A partir desse momento, mudei a minha estratégia. Deixei de tentar fazer o que eu poderia realizar sozinho e ampliei minha visão de negócio para o OPM. Desde então passei a desenvolver projetos utilizando essa filosofia, ou seja, apresentando as ideias para quem tinha o dinheiro para investir. É uma visão que qualquer homem de negócios deve ter, ou seja, sempre aberto a novas tendências de mercado, e hoje aberto principalmente às novas tecnologias que evoluem rapidamente.

Foi então que li nos jornais que o ex-governador do Paraná, João Elísio Ferraz de Campos, que já era presidente da Federação Nacional de

Seguros Privados (Fenaseg), havia assumido também a Fundação Escola Nacional de Seguros (Funenseg) com sede no Rio de Janeiro. A Funenseg é uma instituição mantida por associações do mercado segurador, como Confederação Nacional das Empresas de Seguros Gerais, Previdência Privada e Vida, Saúde Suplementar e Capitalização (CNseg), Federação Nacional dos Corretores de Seguros Privados e de Resseguros, de Capitalização, de Previdência Privada, das Empresas Corretoras de Seguros e de Resseguros (Fenacor) e Superintendência de Seguros Privados (Susep), cuja principal atividade é a formação dos profissionais de seguros e a divulgação e o esclarecimento da importância de se fazer seguro. Uma atividade importante para o desenvolvimento de qualquer economia, mas para o Brasil, na década de 1990, não era expressiva. Fazer seguro no país não era e ainda não é uma prioridade.

Com base no desconhecimento da população e da relevância de se prevenir contra situações adversas, e naquilo em que acredito que é a educação, desenvolvi um projeto e apresentei ao então presidente do órgão João Elísio. Chamei o programa de "Seguro, um projeto de vida".

Tratava-se de uma cartilha para ser distribuída em escolas e que basicamente contava a história do seguro, desde a época dos condutores de camelos, os cameleiros, que atravessavam os desertos da Babilônia, na antiga Mesopotâmia, há milhares de anos, da sua regulamentação em Londres, no século XVII, e da sua introdução no Brasil, em 1916, até os dias atuais. Toda essa história era contada por um personagem criado por mim, o Prevenildo, cujo nome já diz tudo, ou seja, era um cara muito prevenido. A cartilha também trazia explicações das diversas modalidades de seguro e continha atividades para serem realizadas pelos alunos. Além dessa publicação, havia um vídeo de vinte minutos que contava, de forma divertida e didática, a história de duas famílias: uma prevenida e outra relaxada, e de como elas se comportavam diante das adversidades. O vídeo seria apresentado em sala de aula com a cartilha. No fim do programa, os alunos eram incentivados a participar de um concurso de redação e desenho. Os melhores trabalhos seriam premiados.

Depois de passar pela avaliação da área pedagógica da Funenseg e da preparação de todo o material de divulgação, o programa foi lançado em outubro de 1994, no Museu Histórico Nacional, no Rio de Janeiro, com a presença da imprensa, dos dirigentes do mercado segurador e de professores da rede de ensino do Rio e de Niterói. Foi um grande sucesso. Cerca de 20 mil alunos do ensino básico receberam as cartilhas e assistiram ao vídeo.

Após o lançamento, e durante os oito anos seguintes, continuei desenvolvendo diversos projetos de marketing institucional na área de seguros, como *merchandising* feito na novela da Globo, Torre de Babel, de Silvio de Abreu, exibida entre 1998 e 1999. Um *shopping* de propriedade do personagem principal da novela, interpretado por Tarcísio Meira, foi destruído por uma explosão, se ele não tivesse feito o seguro, não tinha como reconstruí-lo.

Outra ação foi uma série de pequenos programas de três minutos, *Sinal Seguro*, que ao longo de três anos foi ao ar toda quarta-feira no intervalo do programa jornalístico, *Bom dia, Brasil*, exibido todas as manhãs, também pela Rede Globo.

Marcante também foi um grande evento que aconteceu na praia de Copacabana, no Rio de Janeiro, denominado Rio Seguro. Foram três *shows*, na sexta tocou a Orquestra Sinfônica do Rio com o maestro Diogo Pacheco e, no sábado e no domingo, Elba Ramalho e Jorge Ben Jor se apresentaram em um palco montado na areia. O interessante é que para chegar ao local o público tinha de passar por um túnel do tempo que contava a história do seguro e, na saída, recebia gratuitamente um cupom para participar do sorteio de um carro e de três motos que seriam realizados no último dia, um domingo à noite, no próprio local. Cerca de 50 mil pessoas participaram dos três dias de evento.

Com o sucesso no Rio, produzimos o mesmo espetáculo no Ibirapuera, em São Paulo, o São Paulo Seguro e, em Goiânia, o Brasil Seguro. Essas foram ações desenvolvidas utilizando o modelo *Others People's Money*, em que apresentei as ideias para quem tinha o dinheiro para investir. Após o sucesso dessas iniciativas, fui atrás de novas oportunidades em outros segmentos de mercado.

~~Vai~~ um ~~café?~~

Por minha ligação com o mercado de café torrado e moído, em razão da empresa da qual meu sogro era dono, a Café Alvorada, e por participar de algumas reuniões da Associação Brasileira da Industria do Café (Abic), junto ao *know how* obtido com o programa das seguradoras, apresentei para a entidade o programa Dica feliz, uma cartilha com a história do café.

Para entender o programa, é bom contextualizar o mercado cafeeiro. Na década de 1990, a indústria de café torrado e moído no Brasil passava por uma grande transformação. Até então, o Instituto Brasileiro de Café (IBC) era quem fornecia cotas de café verde com preço subsidiado para as indústrias de torrefação no país inteiro. Se você quisesse ter uma marca de café, não podia antes de conseguir uma cota do IBC. Total intervenção do governo. O café de melhor qualidade era exportado e o que sobrava o IBC fornecia para o mercado interno, com preço abaixo do mercado e qualidade inferior. Apesar disso, o Brasil era o segundo maior consumidor de café torrado e moído do mundo, só perdendo para os Estados Unidos, mesmo consumindo um café de baixa qualidade.

Quando o IBC deixou de regular o mercado e cada torrefação passou a comprar café de quem quisesse e pelo preço de mercado, a competição ficou mais acirrada e a briga passou a ser entre o preço e a qualidade. Foi então que a Abic, antecipando-se à saída do IBC, lançou em 1989 o Selo de Pureza, programa de autorregulamentação da indústria para avaliar a qualidade das marcas de café existentes no mercado. A partir da implantação desse selo, o mercado começou a mudar, e o consumidor passou a ser mais exigente. Houve uma curva ascendente no consumo interno de café e passamos a ter qualidade igual a de outros países, pois era um contrassenso o Brasil, maior produtor de café do mundo, consumir os piores *blends*.

Por alguma razão, o governo resolveu proibir o consumo de café na merenda escolar, por considerar que fazia mal para as crianças. A Abic, por intermédio de um cientista brasileiro que estava pesquisando sobre o café, demonstrou que não havia problema algum as crianças consumirem café, pelo contrário, a bebida deixava o cérebro mais ativo. E foi com essas informações que criei o programa Dica feliz.

A cartilha trazia toda a história do café, desde a sua descoberta, na Etiópia, por volta de 1400, até chegar ao Brasil, em 1727, pelas mãos do sargento-mor Francisco de Melo Palheta. O objetivo era demonstrar a importância histórica e econômica do produto para o Brasil e ressaltar que não fazia mal às pessoas, nem mesmo às crianças. A cartilha foi distribuída para um milhão de crianças no Brasil inteiro, com o patrocínio da Abic. Mais uma experiência bem-sucedida nos moldes OPM. Acho que finalmente eu havia encontrado uma forma de desenvolver e empreender boas ideias e projetos.

Em 1996, a pedido do Eduardo Moura, que tinha uma produção de gado de qualidade e queria vender sua carne de forma diferenciada, criei a primeira venda de carne por telefone. Eles tinham a marca Menu Moderno com cortes especiais e controle rígido de qualidade, oferecido para o consumidor final por intermédio de televendas – na época a internet estava apenas começando. Foi uma experiência interessante, mas não evoluiu, pois precisava de mais tempo de maturação para as pessoas comprarem carne nessa modalidade; hoje já é comum. Estávamos antes do tempo, aquela premissa de estar no lugar certo, com o produto certo. A hora estava errada.

O Brasil no Japão

Um ano depois, um brasileiro Eduardo Kawauchi, que morava no Japão, veio me procurar indicado pelo meu primo Maurício Canto. Ele sabia que eu conhecia o dono de O Boticário e queria que intermediasse a importação para o Japão dos produtos dessa empresa pela sua distribuidora de cosméticos e perfumes localizada em Tóquio.

Durante nossa primeira conversa, que durou umas duas horas, especulei como era a vida dos brasileiros que iam trabalhar no Japão. Eles partiam com o intuito de ganhar dinheiro e voltar ao Brasil. Naquela época, eram quase 300 mil brasileiros, descendentes de japoneses, trabalhando no Japão. Esse contingente chegava a mandar cerca de US$ 3 bilhões por ano para o Brasil. Hoje, muitos continuam lá, enviando dinheiro para os familiares por aqui. O maior problema deles na ocasião era como enviar para o Brasil o dinheiro que ganhavam legalmente, pois só podiam mandar para a conta de algum parente, para que eles fizessem aplicações ou comprassem imóveis.

Havia, porém, alguns problemas. O primeiro era fiscal, pois como o parente que recebeu o dinheiro, via conta bancária, devolveria ou declararia em seu Imposto de Renda? O segundo, e mais grave, era o sumiço do dinheiro. Muitas vezes eles mandavam certa quantia e o parente fazia outro uso ou aplicava mal o dinheiro. O terceiro problema era quando eles já queriam voltar para o Brasil, depois de alguns anos, e não sabiam o que fazer com o dinheiro ganho.

Perguntei ao Eduardo se ele não podia ter uma conta sua no Brasil e ele respondeu que não. O único banco que eles tinham conta lá no Japão era o Banco do Brasil, que não permitia que tivessem conta aqui no Brasil, apenas na agencia de Tóquio. Com todas aquelas informações fui falar com o Luiz Cezar Fernandes, então presidente do Banco Pactual (o mesmo que havia me ensinado a fazer a lição de casa), que na época estava em franco crescimento. Fiz uma série de perguntas a ele como banqueiro e bom entendedor dessa área. Perguntei, por exemplo, se para abrir uma conta bancária era preciso ir a uma agência. No que ele me respondeu que não havia nenhum impedimento legal em abrir uma conta sem ir ao banco, já que os clientes que mais interessam aos bancos são atendidos em seus próprios escritórios.

Partindo desse princípio, questionei então se ele não poderia abrir contas de brasileiros que estavam trabalhando no Japão pelo Banco Pactual. Ele gostou da ideia e autorizou que eu fizesse essa experiência. Fui ao Japão e contatei o Eduardo Kawauchi. Por telefone expus a ideia e fomos visitar alguns possíveis clientes que também se interessaram. Resultado: criamos o primeiro banco virtual com a tecnologia da época.

Como funcionava? O Banco Pactual mandava para Tóquio os *kits* para a abertura de conta, como cadastro, endereço, cópia de CPF e cartão de assinatura e nós fazíamos uma divulgação junto aos brasileiros que trabalhavam nas diversas cidades japonesas por meio do número 0800 da empresa de televendas do Eduardo. Se eles se interessavam, nos contatavam e então enviávamos toda a documentação para que preenchessem, assinassem e em seguida devolvessem em Tóquio mesmo. Após esse trâmite, enviávamos os documentos para a sede do Banco Pactual no Rio de Janeiro e a conta era aberta. O número e a senha eram mandados por e-mail diretamente ao cliente, ou seja, não tínhamos nenhuma relação com o dinheiro, apenas estávamos captando novas contas para o Pactual.

O cliente que queria mandar algum dinheiro para o Brasil, já com o número da sua conta, ia a qualquer banco e fazia uma transferência para o Pactual. Qual o serviço que o banco proporcionava ao cliente? Em primeiro lugar, o controle total de seu dinheiro, pois só ele poderia movimentar a conta com a sua senha; em segundo lugar, ele determinava para quem de seus familiares queria enviar o dinheiro e qual o valor; e em terceiro lugar, seu dinheiro ficava aplicado em dólar aqui no Brasil com juros maiores do que no Japão. Outro serviço que o banco oferecia mensalmente era prestar informações do que estava acontecendo no mercado brasileiro para que, quando o cliente regressasse, soubesse o que fazer com seu dinheiro.

Seis meses depois da primeira viagem estávamos lançando o programa no Japão com direito à divulgação no canal de TV local e em revista e jornais voltados a esse mercado, o resultado estava acontecendo de forma lenta, mas constante.

O problema! Sempre tem um problema.

Os brasileiros que trabalhavam lá tinham conta no Banco do Brasil de Tóquio, então suas transferências eram feitas pelo próprio banco para suas contas no Pactual, o que despertou o interesse do gerente local dessa movimentação. Ele não teve dúvidas em denunciar para o Banco Central do Brasil que o Pactual estava fazendo captação ilegal de recursos sem ter agência no local.

É bom deixar bem claro que nada disso era verdadeiro. O Pactual, antes de autorizar esse projeto, consultou os aspectos jurídicos das transações, tanto no Brasil como no Japão, e por isso não estávamos fazendo nada de ilegal, apenas estávamos captando contas sem nenhum envolvimento financeiro porque, após abertura da conta, o usuário tratava diretamente com o Banco Pactual no Brasil. Para evitar problemas, porém, o banco resolveu abandonar a ideia.

O interessante é que depois da descontinuidade do projeto pelo Pactual, o Banco do Brasil começou a fazer a mesma coisa, ou seja, permitindo que os brasileiros que estivessem no Japão pudessem abrir conta na sua cidade no Brasil, oferecendo os mesmos serviços do Pactual.

Para mim foi um péssimo negócio, mas pelo menos ajudamos de alguma forma os brasileiros a ter uma condição melhor na área financeira no outro lado do mundo.

Trabalhar com o conceito do OPM é bom, mas oferece certos riscos, você está sempre sujeito a situações que fogem do seu controle. Além disso, os projetos sempre têm um começo, um meio e um fim já determinados.

Esse foi o período em que tive os melhores resultados financeiros. Havia, porém, o agravante de não ter continuidade, já que todos tinham morte anunciada! Buscando uma atividade mais estável e constante, que não dependesse só de terceiros, e retomando o meu fascínio por revistas resolvi lançar no mercado de Curitiba uma revista de lazer, entretenimento e informações sobre a cidade, a *Where Curitiba*.

Ela marcaria a minha vida, uma vez que exatamente no dia 11 de setembro de 2001, às 9 horas da manhã, eu estava com minha equipe fazendo a reunião de pauta, decidindo quais matérias iriam compor a primeira edição da revista, quando o mundo veio abaixo com a série de ataques terroristas, um deles poria abaixo o World Trade Center, as torres gêmeas de Nova York.

Durante todo o dia fiquei ligado nos noticiários para tentar saber o que estava acontecendo e para onde o mundo iria e à noite não consegui dormir. Estava preparando o lançamento de uma nova revista, voltando novamente para a área editorial e pensando no que fazer: recuar ou ir em frente?

Para mim, todos os problemas uma hora são resolvidos. Partindo dessa ideia resolvi manter o projeto, pois, se o mundo acabasse com ou sem o lançamento, eu, como todo o mundo, iria para o buraco também. Então era melhor ir em frente.

No dia 30 de setembro de 2001, eu lançava a primeira edição da *Where Curitiba*, uma publicação mensal totalmente nova para o nosso mercado.

Oito meses depois de ter lançado a revista, de novo por decisões puramente emocionais, acabei me responsabilizando pela empresa Café Alvorada, de meu falecido sogro, que ficou sem comando por muitos anos e estava prestes a fechar as portas. Foi quando tive de me dividir em dois, trabalhando na revista e dirigindo a empresa de café. Sem pensar muito resolvi assumir a bronca que me custou muito caro e só esse episódio daria um livro. Os anos seguintes foram muito duros, com muito trabalho, pouco resultado e diversas frustrações.

O principal problema dessa fase da minha vida é que não se pode servir a dois santos ao mesmo tempo. Ao assumir a empresa, oito meses depois do lançamento da revista, não pude atender às demandas necessárias, nem de um nem de outro. Alguns anos depois, precisei me desfazer da empresa de café e da revista para diminuir os prejuízos.

É possível ter mais de um negócio quando o primeiro já está bem solidificado e com uma equipe formada, então você pode partir para uma nova atividade. Foi um grande erro que cometi ao não me atentar a essa premissa e espero que você, leitor, fique atento. Aliás, o que sempre pretendi neste livro foi contar com muita clareza o que fiz em toda a minha vida, meus erros e meus acertos para que você possa refletir com base neles.

Tem um ditado popular que diz: "Burro não aprende nunca. Inteligente aprende com seus próprios erros. Gênio aprende com o erro dos outros".

Aproveite este livro para ser um gênio!

CAPÍTULO 13

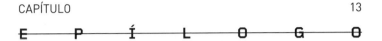
EPÍLOGO

Em uma manhã chuvosa, em um belo apartamento de frente para o mar, em Balneário Camboriú, eu acordei com a sensação de que conseguiria escrever o último capítulo deste livro para finalmente entregar os originais para a editora. Era 31 de dezembro de 2017, véspera de ano-novo, dia de repensar tudo o que havia se passado ao longo do ano. Silnara e eu havíamos sido convidados por nossa amiga Ilze Muradas para passar a noite de Réveillon nessa linda cidade catarinense.

Logo cedo, aproveitei a paisagem inspiradora do mar para iniciar o que considerei ser o último capítulo deste livro, mas não da minha vida. Afinal, na vida você está sempre escrevendo o penúltimo capítulo. Minha intenção era tentar resumir, aqui, o recado que sempre quis passar para as pessoas, ou seja, os erros e os acertos que tive ao longo da minha vida.

Como todo final de ano, as pessoas procuram fazer um balanço do que aconteceu de bom e de ruim e prometer mudanças para o novo ano. Quase sempre são as mesmas promessas: vou emagrecer, fazer exercícios, passar no vestibular, arrumar um novo amor, ser um bom marido ou uma boa esposa, economizar para viajar ou comprar um carro ou uma casa, e por aí vai.

Para mim, em especial, 2017 foi um ano terrível, apesar de falar constantemente em fazer a "lição de casa" e de consertar os erros e o meu descontrole financeiro. Contudo, por incrível que pareça, também foi o melhor. Explico. Já passei por inúmeros problemas, mas pela primeira vez fiquei emocionalmente muito abalado, deprimido por chegar a esta idade e não estar financeiramente estável. Isso me fez refletir muito e chegar à conclusão de que mesmo aos 70 anos é possível você ainda ser produtivo e se reinventar. E foi o que fiz.

Lembrando do que diz o autor Napoleon Hill em *A lei do triunfo*, livro já citado por mim aqui, não existe fracasso e sim derrota temporária, além disso a derrota temporária em geral é um mal que vem para o bem, pois nos estimula e faz a gente canalizar as energias em sentidos diferentes e de forma mais proveitosa.

Depois que criei os programas Prevenildo para o seguro e Dica feliz para o café, desenvolvi um programa de educação de trânsito para crianças e adolescentes. O trânsito brasileiro mata 40 mil pessoas por ano, além de deixar outras 350 mil com algum tipo de sequela em acidentes nas áreas urbanas e nas estradas. Cerca de 90% dos acidentes são provocados por falha humana, ou seja, imprudência, imperícia e negligência. Portanto, para resolver essa verdadeira epidemia é fundamental haver uma fiscalização eficiente, mas também é imprescindível educar desde cedo a criança para que se torne uma cidadã consciente de suas responsabilidades. Apesar de todas essas constatações, dá-se pouca importância a esse problema. Há uma premissa de que é melhor fiscalizar e aumentar mais os valores das multas do que prevenir os acidentes.

Assim surgiu o Se Essa Rua Fosse Minha, projeto que me ocupa atualmente e é minha atividade principal. O programa consiste em um livro para o aluno, um livro para o professor e um livro da família para serem trabalhados em salas de aulas do ensino fundamental, do 1º ao 9º ano.

A crise política e econômica que eclodiu no Brasil após 2014 se estendeu forte até pelo menos o fim de 2017 e atingiu toda a população brasileira, em maior ou menor proporção. E, mesmo com alguma perspectiva de melhoria para os próximos anos, os seus efeitos foram profundos na economia do país que passou por forte recessão, por um traumático processo de *impeachment* da presidente Dilma, e pelos escândalos de corrupção que atingiram em cheio a sociedade brasileira. Assim, além da crise econômica, passamos por uma crise política e a pior de todas as crises ética e moral.

Ao final de 2015 ainda tinha esperança de 2016 ser melhor, eu havia fechado bons contratos e tinha expectativas de novas contratações que, por causa da situação brasileira, acabaram não ocorrendo. Enquanto o mercado dava sinais de desaceleração, eu estava pisando fundo, ampliando minha equipe de profissionais. Foram tempos difíceis, mas que espero, sinceramente, que tenham ficado para trás.

Sempre fui muito ansioso e tinha como meta pensar grande, começar pequeno e crescer rápido. Aliás, foi sempre nesse último quesito que me dei mal. A duras penas aprendi que temos de crescer de acordo com o tempo de amadurecimento do empreendimento e não no tempo que queremos.

Ser bem-sucedido na vida exige um esforço pessoal, e precisamos contar com a colaboração de muitos, pois ninguém constrói nada sozinho.

Caro leitor, espero ter contribuído de alguma forma para a melhoria de sua vida. Esse sempre foi meu desejo ao escrever este livro. Vejo muitos jovens desanimarem no primeiro obstáculo, na minha vida nunca desanimei. A idade chega e envelhecemos fisicamente, mas o cérebro pode perfeitamente ser renovado. Por isso o melhor investimento que você pode fazer na vida é investir na sua cuca.

Eu continuo na ativa.

Não desanime jamais.

~~SOBRE~~ ~~O~~ ~~AUTOR~~

Faruk El Khatib

Nascido em 1946 em Araçatuba, no estado de São Paulo, morou em Beirute, no Líbano, de 1949 a 1951. Mudou-se para a capital de São Paulo em 1952 e, no ano seguinte, chegou a Curitiba, cidade em que reside com sua família até hoje. Graduado em administração de empresas pela Universidade Federal do Paraná (1973), é também especialista em marketing pela Fundação Getulio Vargas, e possui curso empresarial avançado (*advance management*) pela University of Southern California (1976). Empresário e empreendedor em diversos segmentos, ao longo de sua carreira palestrou em diferentes eventos e participou de inúmeros congressos e seminários, nacionais e internacionais, referentes à sua área de atuação